SV

D1942296

Gerd Hortleder, geboren 1939, lebt in Frankfurt und Berlin. Er ist seit 1975 Professor der Soziologie und z. Zt. Direktor des Instituts für Sport und Sportwissenschaften der Johann Wolfgang Goethe-Universität in Frankfurt. Buchveröffentlichungen: Das Gesellschaftsbild des Ingenieurs, 1970; Ingenieure in der Industriegesellschaft, 1973; Die Faszination des Fußballspiels, 1974.

Die Rolle der Massen und der Massenmedien für den Showsport, der Übergang vom Freizeitsport zum Sozialsport sowie die Interessen des Staates und der Statusgruppen an einer Aufwertung des Sports sind zentrale Themen dieser Studie. Ergebnisse empirischer Untersuchungen zeigen, daß mit Hilfe des Sports die biologische, soziale und politische Ungleichheit verstärkt wird.

Gerd Hortleder
Sport in der nachindustriellen Gesellschaft

Eine Einführung in die Sportsoziologie

Suhrkamp Verlag

Erste Auflage 1978
© Suhrkamp Verlag Frankfurt am Main 1978
Alle Rechte vorbehalten
Druck: Georg Wagner, Nördlingen
Printed in Germany

Inhalt

Marianne
und den Freunden im »Le Paris« gewidmet

Einleitung

»Wenn es nach mir ginge, ich säße den Tag
Angelehnt auf dem Faulbett, den Himmel
Vergleichend und Bilder vor Augen.«

Sarah Kirsch, Dichterin

»Der Spitzensport wird künftig drei Wege gehen: er führt in die totale Professionalisierung mit ganztägigem Training, in das Zirkusdasein, wie es im Ski und Tennis schon üblich ist, und ins Panoptikum, denn nur anormale Körperbaudaten sind in einer Reihe Sportarten heutzutage schon die Voraussetzungen für Höchstleistungen.«

Wildor Hollmann, Sportmediziner

Sportsoziologie ist für Wissenschaftler ein dankbares Feld, weil die Zahl diskutabler Untersuchungen äußerst begrenzt ist. Statt diesen Zustand hier zum wiederholten Male zu beklagen, gleichsam das zu systematisieren, was andere noch nicht herausgefunden haben, soll Sport im Zusammenhang analysiert werden mit der Gesellschaftsstruktur und der Gesellschaftsordnung der Bundesrepublik. Vorherrschende Formen des Sports werden untersucht (Showsport, Berufssport, Hochleistungssport; Freizeitsport; Sozialsport) mit dem Ziel, eine systematische begriffliche Klärung zentraler Erscheinungen im Sport innerhalb der Sportwissenschaften voranzutreiben. Begriffe ersetzen keine Theorie; sie sind jedoch Voraussetzung jeder theoretischen Anstrengung. Selbst in Fachzeitschriften herrscht zur Zeit ein totaler Mangel an begrifflicher Präzision. Es ist die Rede von so diffusen Kategorien wie Spitzen- und Breitensport, es wird nicht unterschieden zwischen Leistungs- und Hochleistungssport.
Ferner stellt die vorliegende Arbeit den Versuch dar, im Rahmen eines eigenständigen Ansatzes wichtige Ergebnisse der Sportsoziologie einzuordnen. Daß sozio-ökonomische und sozio-kulturelle Faktoren einzelner Gesellschaften in unterschiedlicher Weise den modernen Sport prägen, wird in den Arbeiten von Novikov/Maksimenko und Seppänen (Kap. I.2) sowie in der von Pfetsch u. a. deutlich (Kap. III.1). Daß daneben und darüber hinaus strukturalistische, d. h. die Zeitgeschichte relativierende Phänomene zur Analyse des Sports unerläßlich sind, soll am Beispiel des Problems von Masse und Macht aufgezeigt werden (Kap. II). Daß die Produktion von Wissen von sozialstrukturellen Bedingungen abhängt, aber ihrerseits auch Einfluß nimmt auf die gesellschaftliche Wahrnehmung von Problemen, wird im vierten Kapitel belegt.
Da ich von der Eigenständigkeit und Notwendigkeit spezieller sportwissenschaftlicher Methoden keineswegs über-

zeugt bin, werden methodologische und methodische Fragen nur am Rande behandelt. Sie darzustellen, ist anderen bereits besser gelungen, als es mir möglich wäre[1]. Sozialpsychologische Probleme wie Aggression, Motivation und Leistung werden weitgehend ausgespart, zumal hierzu – ebenso wie zum Thema »Sport und Sozialisation« – nur wenige abgesicherte Ergebnisse vorliegen. Dem interessierten Leser kann in diesen Fällen die ausgewählte Bibliographie helfen. Ungeachtet aller Einwände wird am Begriff »Sport« festgehalten, obwohl Bedenken gegen seine weitere Verwendung Beachtung verdienen. Diesem Terminus fehle es, das habe schon Carl Diem erkannt, an Präzision; er sei von der Entwicklung überholt, zu diffus, man müsse differenzieren. Ein Einwand, der immer zutreffend ist, und in diesem Fall zu einer folgenreichen Spezialisierung innerhalb der Sportwissenschaften geführt hat. Bald sah sich der eine als Experte für den Hochleistungssport und der andere als Fachmann für den Freizeitsport mit Sitz im Präsidium des Deutschen Sportbundes, der Dritte entdeckte gar die schädlichen Wirkungen des Alkohols und galt fortan als Spezialist für Resozialisierung im Sport. Ein jeder pries seinen Bereich als die beste aller möglichen Welten. So hielt die Ideologie Einzug in die Sportwissenschaften. Verloren ging dabei der Blick für mögliche strukturelle Zusammenhänge innerhalb des Sports und potentielle Interdependenzen zwischen Sport als Subsystem einer Gesellschaft und dem umgrenzenden Sozialsystem als ganzem. Neuere, vielleicht wegweisende Ansätze innerhalb der Sportwissenschaften, wie der von Volker Rittner – Sportwissenschaft als eine Soziologie des Körpers zu konstituieren – sind eher auf eine Ausweitung des Begriffs Sport als auf dessen Ausdifferenzierung aus primär hochschulpolitischen Gründen angewiesen[2].

Paul Feyerabends Werk »Wider den Methodenzwang« sowie das Buch »Die gesellschaftliche Konstruktion der

Wirklichkeit« von Berger/Luckmann haben die vorliegende Arbeit beeinflußt[3]. Sie wendet sich gegen eine naive Wissenschaftsgläubigkeit (und einen damit verbundenen Mangel an Humor), die sich vor allem in den Sportwissenschaften widerspiegelt, einer um ihren Status kämpfenden Disziplin. Sie verweist darauf, daß es unterschiedliche Dimensionen des Wissens gibt, daß – um es konkret zu formulieren – ein literarischer Text von Ror Wolf mehr zur Erhellung des Fußballsports beitragen kann als eine noch so gründliche empirische Untersuchung[4].
»Die Welt kann man ›mythisch‹ und ›logisch‹ beschreiben; die mythische Beschreibung ist schöner, machtvoller, einprägsamer; die logische ist genauer, verläßlicher, eindeutig und gemeinsam. Dabei schließen sie sich nicht gegenseitig aus: jede mythische Beschreibung enthält logische Strukturen, jede logische Auslegung enthält mythische Elemente«[5]. Die Faszination des modernen Sports, der »objektiv« ohne Zweifel Luxus ist, kann nur derjenige verstehen, der sich auf beiden Ebenen auskennt, der sich erinnern kann an die etymologischen Wurzeln der Begriffe »Faszination« – Glanz *und* Blendung sind in einem gemeint – sowie »Sport«; dieser Terminus verweist auf Genuß und Vergnügen.

Mein Dank gilt den Kollegen des Frankfurter Instituts, die dem Fachwissenschaftler einige Möglichkeiten, vor allem jedoch die Grenzen der Sportwissenschaften aufgezeigt haben. Ohne eine fast dreijährige Lehrerfahrung an einem der größten Sportinstitute der Bundesrepublik hätte dieses Buch nicht entstehen können.

Anmerkungen

1 Als erste Einführung eignet sich für Studenten insbesondere Heine von Alemanns Buch »Der Forschungsprozeß. Eine Einführung in die Praxis der empirischen Sozialforschung«, Stuttgart 1977. Aus der Fülle hervorragender Lexika und Einführungen seien zwei weitere Arbeiten

hervorgehoben. Werner Fuchs u. a. (Hrsg.): »Lexikon zur Soziologie«, 2 Bde., Reinbek 1975 sowie Ernst M. Wallner: »Soziologie. Einführung in Grundbegriffe und Probleme«, Heidelberg 1975. Diese (fünfte) Auflage enthält auch ein Kapitel zur Soziologie des Sports.

2 Volker Rittner: Zur Konstitutionsproblematik der Sportwissenschaft, in: Sportwissenschaft 1974, Heft 4.

3 Paul Feyerabend: Wider den Methodenzwang. Skizze einer anarchistischen Erkenntnistheorie, Frankfurt a. M. 1976. Peter L. Berger/Thomas Luckmann: Die gesellschaftliche Konstruktion der Wirklichkeit. Eine Theorie der Wissenssoziologie, Frankfurt a. M. 1970.

4 Ror Wolf: Punkt ist Punkt. Alte und neue Fußballspiele, Frankfurt a. M. 1973. »Wissenschaftliches« Beispiel: Eine Untersuchung hat ergeben, daß der Ball während eines Spiels keineswegs 90 Minuten auf dem Spielfeld ist. Wer hätte das gedacht?

5 Hartmut von Hentig: Logomythie, in: Aufrisse. Almanach des Ernst Klett Verlages, Stuttgart 1971, S. 189.

I Technologie, Ökonomie und Sport: Die Massenmedien

1. Soziale Strukturen der nachindustriellen Gesellschaft

Die Bundesrepublik Deutschland zählt zu jenem Gesellschaftstypus, den Daniel Bell und Alain Touraine unabhängig voneinander als »nachindustriellen« bezeichnet haben[1]. Typologisierungen dienen dazu, die prägnanten Strukturmerkmale einer Gesellschaft mit einem einzigen Begriff hervorzuheben, ihn einem anderen – in diesem Fall dem der industriellen Gesellschaft – gegenüberzustellen, um so das Spezifische des Ansatzes zu verdeutlichen. Daniel Bell hat die wissenschafts-technologischen (Produktion/Berufsstruktur) und die sozio-kulturellen (Kultur/Politik) Determinanten dargestellt. Ziel dieser Arbeit ist es, ihre Rückwirkung auf den Sport aufzuzeigen. Das geschieht hier zunächst in der Form eines vereinfachten Überblicks. Die für die Entwicklung einer nachindustriellen Gesellschaft zentralen Fakten werden dargelegt, interpretiert und thesenartig auf die Entwicklung des Sports bezogen. In den folgenden Kapiteln wird dann versucht, die Materialbasis zu erweitern und die Hypothesen zu differenzieren, teilweise zu operationalisieren und auf ihren Realitätsgehalt zu überprüfen.

Die »nachindustrielle Gesellschaft« ist, stark vereinfacht formuliert, durch drei Trends charakterisiert, die sie von einer industriellen Gesellschaft unterscheiden:

1. Durch die Dominanz des Dienstleistungssektors und die Herausbildung des quartären Sektors (Intellektuellen- und Betreuungsberufe). Die entscheidenden Dienstleistungen sind sozialstaatliche Leistungen, die in Zukunft insbesondere in folgenden Bereichen erbracht werden: Gesundheit, Erziehung, Bildung, Forschung und Verwaltung.

2. Durch eine veränderte Berufsstruktur. Professionalisierte Berufe und Berufe, die technische Qualifikationen erfordern, erhalten jetzt Vorrang. Denn entscheidend für die nachindustrielle Gesellschaft sind »die zentrale Stellung des theoretischen Wissens und das zunehmende Übergewicht der Dienstleistungswirtschaft über die produzierende Wirtschaft«[2].
3. Durch eine Veränderung der Wertvorstellungen. Arbeit verliert an Wert. Gleichzeitig geht die Bedeutung regulativer Normen im Freizeitbereich zurück.
   Mitte 1977 waren bereits 55% aller Erwerbstätigen der Bundesrepublik in Dienstleistungsberufen beschäftigt, rund 30% in Fertigungsberufen und weniger als 7% in der Landwirtschaft[3].
   Dienstleistungsberufe sind charakterisiert durch die Produktion immaterieller Güter. Da sich gleichzeitig eine relative Sättigung am Bedarf langlebiger Gebrauchsgüter – bei geringem Ersatzbedarf – abzeichnet, *konzentriert sich die Mehrheit der Verbraucher auf Güter und Dienstleistungen aus dem Freizeitbereich*[4].

Die in der Übersicht 1 angeführten Zahlen lassen die Bundesrepublik als eine Wohlstandsgesellschaft erschei-

Übersicht 1: Die Ausstattung von Arbeitnehmerhaushalten mit langlebigen Gebrauchsgütern (Bundesrepublik in %)[5]

	1970	1976
Waschmaschine	84	100
PKW	51	76
Tonbandgerät	36	61
Tiefkühltruhe	19	58
Telefon	20	57
El.-Kaffeemaschine	14	57
Farbfernseher	4	42
El.-Grill	7	41
Filmkamera/Projektor	7	21
Geschirrspüler	2	13

nen. Mögliche Disparitäten, auch und gerade im Freizeitbereich, werden in den Kapiteln »Strukturwandel der Öffentlichkeit« sowie »Freizeitsport« diskutiert.

Voraussetzung für vermehrten Konsum im Freizeitbereich ist zweifellos ein erhöhtes Maß an freier Zeit[6]. Der konventionelle Einstieg in die Freizeitforschung – danach treibt die Bevölkerung aufgrund vermehrter Freizeit häufiger Sport – ist jedoch bestenfalls eine mögliche Erklärung unter mehreren. Die Daten, die entscheidend gewesen sind für die Verringerung der Arbeitszeit, liegen weit zurück. Um 1920 wurde in Deutschland der Acht-Stunden-Tag eingeführt, seit 1956 ist die Fünf-Tage-Woche für Industriearbeiter in der Bundesrepublik die Regel. Hier handelt es sich um Einschnitte auf dem Weg in eine entwickelte Industriegesellschaft. Für eine nachindustrielle Gesellschaft ist ein erhöhtes Maß an freier Zeit lediglich eine notwendige, keine hinreichende Voraussetzung. Vermehrte Freizeit hat es bereits in der industriellen Gesellschaft gegeben, ohne daß es zu einer dramatischen Entwicklung in der Diffusion des Sports gekommen wäre. Da sich die zeitgenössischen Veränderungen im Freizeitbereich insbesondere auf eine Verlängerung der Urlaubszeit richten, ist mit ihnen der vermehrte Sportkonsum kaum und vermehrtes Sporttreiben nur bedingt zu erklären.

Die Expansion des aktiven Sports, des Sportkonsums und des staatlich geförderten Sozialsports ist ein Prozeß der sechziger und siebziger Jahre.

Die Verringerung der Arbeitszeit hat einmal politische Ursachen; die Vermehrung an freier Zeit ist eine Folge gesellschaftspolitischer Auseinandersetzungen. Zum anderen haben technologische Innovationen zu einer Veränderung des Verhältnisses von Arbeit und Freizeit geführt. Für den Wandel der Produktionssektoren in ihrem Verhältnis zueinander war die Entwicklung neuer Technologien erforderlich. Mit Ausnahme der Atomenergie haben

alle diese Technologien einen entscheidenden Einfluß auf die Entwicklung des modernen Sports genommen.
Die *Elektronik* ermöglicht die Ausbreitung des Fernsehens und wird damit – ebenso wie das Strahltriebwerk u. a. in Düsenflugzeugen eingesetzt – zur Voraussetzung der Internationalisierung des Sports. *Computer* führen zur Computersimulation in den Sportwissenschaften. Auch werden Computer bereits bei Sportveranstaltungen genutzt.
Der *Kunststoff* hat grundlegende Verbesserungen der Sportanlagen und der Sportgeräte zur Folge.
Konstitutiv für den Sport einer nachindustriellen Gesellschaft ist das Fernsehen[7]. Dies gilt keinesfalls nur für den

Übersicht 2: Mitgliederentwicklung im Deutschen Sportbund und die Diffusion des Fernsehens in der Bundesrepublik

	DSB-Mitglieder	Fernsehgeräte
1953	ca. 3,5 Mio.	1000
1960	ca. 5,3 Mio.	3,4 Mio.
1970	ca. 10,1 Mio.	15,9 Mio.
1974	ca. 12,8 Mio.	18,4 Mio.
1977	ca. 14,2 Mio.	ca. 19,0 Mio.
1978	ca. 15 Mio.	ca. 20,0 Mio.[8]

Showsport. Die Aktion »Trimm-Dich-Durch-Sport«, für die im Fernsehen unentgeltlich geworben wurde, hätte ohne dieses Medium kaum einen solchen Erfolg erzielen können. Auch legt ein Vergleich der Mitgliederentwicklung im Deutschen Sportbund mit der Diffusion des Fernsehens in der Bundesrepublik eine Interdependenz nahe zwischen Sport als Fernsehkonsum und aktivem Sporttreiben.
Schließlich gibt es kein Medium, das für Sport als Mittel der Rehabilitation so eindringlich werben kann – zunächst im Sinne von Unterstützung aufbringen, dann auch in dem der Mittelbeschaffung – wie dies beispielsweise im ZDF-Sport-Studio systematisch geschieht.

Technologische und politische Strukturwandlungen laufen parallel mit einer Veränderung der Wertstruktur nachindustrieller Gesellschaften.

Arbeit verliert an Wert. Die Frage »Welche Stunden sind Ihnen am liebsten? Die Stunden während der Arbeit oder die Stunden, während Sie nicht arbeiten? Oder mögen Sie beide gern?« wurde einem repräsentativem Querschnitt aller Berufstätigen der Bundesrepublik 1962, 1975 und 1976 gestellt[9].

Als Ergebnis dieser Untersuchung zeichnet sich ein Trend ab, der auf eine Relativierung der Arbeit in den Wertvorstellungen der Bevölkerung hinausläuft:

	1962	1975	1976
Wenn ich nicht arbeite	29	39	47
Mag beide gern	59	54	46
Am liebsten habe ich die Arbeitszeit	4	3	3
Unentschieden	8	4	4
	100	100	100

Auffallend sind die starken Verschiebungen innerhalb nur eines Jahres von 1975 bis 1976 sowie der Rückgang der Zahl Unentschiedener. Die Problematik von Arbeit und Freizeit dringt stärker in das Alltagsbewußtsein ein. Darüber hinaus bildet sich in einer nachindustriellen Gesellschaft eine Diskrepanz heraus zwischen den Anforderungen einer professionalisierten, perfektionierten und streng normierten Arbeitswelt und einem Freizeitsektor ohne verbindliche Wertvorstellungen und regulierende Normen. Im Sport findet diese Diskrepanz ihren Ausdruck in perfekt organisierten, auf immer verfeinerteren Regeln aufbauenden Aktionen der Aktiven im Showsport einerseits und einem geradezu anomischen Verhalten eines Teils der Zuschauer andererseits.

Im sozio-kulturellen Bereich führt die nachindustrielle

Gesellschaft zu einer Ausweitung des Sozialstaats, der Bürokratie sowie partizipatorischer Prozesse, unterstützt von einer plebiszitären Öffentlichkeit. Sport wird zu einem Mittel der Sozialpolitik (Sozialsport). Die Sozialleistungsquote in der Bundesrepublik stieg von 17,1% im Jahre 1950 auf 18,7% – 1960.

1965 betrug sie bereits 24%, 1974 – 28,5%.[10] Dadurch nimmt einerseits die Institutionalisierung des Sports zu, während im Bereich des nicht organisierten Freizeitsports ein Prozeß der Entinstitutionalisierung zu beobachten ist. Sport wird zum Objekt demonstrativen Konsums (Teile des Freizeitsports) und zum Beruf im kulturellen Sektor (Show, Wissenschaft, Animateur). Darüber hinaus kommt es zur Quasi-Verstaatlichung des Hochleistungssports, auch in nicht-sozialistischen Staaten, also zur Instrumentalisierung des Sports als Mittel der Außen- und Innenpolitik.

2. Die Epoche des Showsports

»Wenn du gewinnen willst,
mußt du mit dem Teufel spielen.«
Max Merkel über Paul Breitner

a) Showsport als System

Showsport ist technisch-wissenschaftlich fundierte, arbeitsmäßig vorbereitete, in der Regel als Beruf ausgeübte und als Show präsentierte Unterhaltung. Showsport wird vor einem Massenpublikum im Stadion oder auf der Rennstrecke regelmäßig ausgeübt und gleichzeitig oder zeitversetzt im Massenmedium Fernsehen ausgestrahlt. Je nach Gesellschaftssystem dient der Showsport dem Heroenkult zu individuellen oder kollektiven Zielen.
Strukturell, d. h. im systematischen technologischen und sozio-ökonomischen Zusammenhang einer Theorie des Sports ist der Showsport dem Wirtschaftsbereich Showgeschäft insgesamt, der Politik und dem Tourismus zuzuordnen, der idealtypisch konzipierte Freizeitsport den Bereichen Soziales, Gesundheit und Erziehung. Zum Showsport zählen in der Bundesrepublik u. a. Fußball, Eishockey, Eis- und Skisport, Motorrennsport, Pferdesport, Tennis und Hallenhandball sowie die olympischen Disziplinen als Einheit. Die Summe aller Sportarten, und seien sie noch so wenig populär, ist konstitutiv für den Showcharakter der Olympischen Spiele.
Hochleistungssport ist der auf Bundesligaebene betriebene Sport, der in der Regel unter professionellen oder semiprofessionellen Bedingungen geplant und durchgeführt wird. Im Unterschied hierzu wird Leistungssport ausgeübt mit dem Ziel, eine persönliche Höchstleistung unter nichtprofessionellen Bedingungen zu erreichen. Im Hochlei-

stungssport ist Leistung also ein absoluter, von der Umwelt festgelegter Wert.
Im *Leistungssport* setzt sich Leistung aus dem Anspruchsniveau des Sportlers *und* aus den normativen Anforderungen sowie den organisatorischen Strukturen der Umwelt zusammen. Beispielsweise strebt der Sportler A an, in der Fußballmannschaft der C-Klasse im Nachbarort anstatt in einer Mannschaft der Amateurliga seiner Heimatstadt zu spielen. Will er sich gar keinen Normen unterwerfen oder die Regeln selbst mit den Mitspielern von Fall zu Fall klären, sucht er sich eine Möglichkeit, in nicht organisierter Form Sport zu treiben. Dieses ist eine Variante des Freizeitsports, von der an anderer Stelle die Rede ist.
Um *Berufssport* handelt es sich dann, wenn der Aktive ausschließlich von seiner Sportausübung und deren materiellen Rahmenbedingungen wie der Werbung leben kann. Berufssport ist immer Hochleistungssport, hingegen Hochleistungssport keinesfalls immer Berufssport. Nicht austauschbar gegeneinander, deckt jeder Begriff nur Teilbereiche von dem ab, zu dessen Erklärung er dienen soll. In diesen Definitionen wird das Schwergewicht auf das Begriffspaar Leistung und Arbeit gelegt, einzig auf die *Aktion* des Aktiven. Der Begriff des Showsports hingegen impliziert zugleich die kollektive Planung sowie die *Präsentation* dieser Leistung[11]. Darüber hinaus erfaßt er unmißverständlich die Kommerzialisierung des gesamten Sports, also nicht nur die legale Kommerzialisierung, die durch den Terminus Berufssport erfaßt wird.
Das System des Showsports besteht aus
1. Einem wissenschaftlich-organisatorischen, vom Staat vollständig oder weitgehend finanzierten Apparat zur Suche und Förderung von Talenten, zur technologischen Weiterentwicklung der Sportgeräte und zur optimalen Nutzung des »menschlichen Materials«.
2. Aus einer geringen Anzahl aktiver Hochleistungssport-

ler mit Sport als offiziellem oder verschleiertem Beruf. Hochleistungssportler bilden im Falle dauerhafter Erfolge eine Funktionselite und zählen darüber hinaus zur Prominenz ihrer Gesellschaft[12].

3. Aus den soziologisch bewußt diffus charakterisierten Zuschauern, der Masse im Stadion und am Bildschirm. Diese Massen, nach Schichten insbesondere als Fernsehzuschauer nur schwer einzuordnen, finanzieren einen Teil der laufenden Kosten des Showsports.
4. Aus den Massenmedien, insbesondere dem Fernsehen, als vermittelnder Institution und indirektem Organisator des Showsports und der von ihnen kultivierten »technokratischen Dramaturgie«. Ferner ist für das System des Showsports eine Kooperation zwischen Moderatoren, Journalisten der Boulevard- und Illustrierten-Presse sowie aktiven Sportlern konstitutiv. Ihr gemeinsames Ziel ist es, sportliche Aktionen mediengerecht zu präsentieren, d. h. in der Regel unterhaltend.
5. Aus einem je nach Gesellschaftsordnung unterschiedlichen System der Gratifikation für sportliche Erfolge.

Nahezu alle Aktiven, die Showsport ausüben, sind auf finanzielle Unterstützung angewiesen. Lediglich die Form dieser Existenzgrundlage ist von Gesellschaftssystem zu Gesellschaftssystem und auch zwischen Staaten mit gleicher Gesellschaftsordnung verschieden. Zu unterscheiden ist im wesentlichen zwischen

a. Berufssportlern, die es auch in sozialistischen Staaten gibt
b. Staatsamateuren, die es auch in kapitalistischen Staaten gibt
c. Firmenamateuren
d. durch Mäzenatentum geförderten Amateuren sowie
e. einigen reichen Individualisten.

Die Unterscheidung zwischen Berufssport und einem wie immer definierten Amateursport dient lediglich der Ver-

schleierung jener universellen Praxis, nach der sportliche Höchstleistungen ohne finanzielle Außenunterstützung nicht mehr möglich sind.
Die Begriffe Hochleistungssport und Berufssport bezeichnen bereits Aspekte des Sachverhaltes, um den es in dieser Studie geht. Im Automobilrennsport und im Berufsfußball beispielsweise sind die drei Begriffe Hochleistungssport, Berufssport, Showsport synonym verwendbar. Doch charakterisiert erst der Begriff des Showsports den entscheidenden Wandlungsprozeß im modernen kommerzialisierten Sport.
Showsport ist Unterhaltung unter den Bedingungen der Massengesellschaft, deren Systeme sozialer Schichtung durch ihn gefestigt werden[13]. Showsport ist ein arbeitsteilig hergestelltes Produkt, das von der überwiegenden Mehrheit seiner Konsumenten nur mit Hilfe technologischer Medien aufgenommen werden kann.
Die Epoche des Showsports beginnt, nach dem »gelungenen« Test 1936 – die Olympischen Spiele wurden im Raum Berlin im Fernsehen gesendet –, 1954 mit der ersten auf Bildschirm übertragenen Fußballweltmeisterschaft.
Zur Erklärung des Showsports liegen bisher im wesentlichen fünf Ansätze vor. In einer reichlich naiven historischen Betrachtungsweise wird rasch von den alten Griechen und Römern auf die Gegenwart geschlossen. Brot und Spiele habe es schon immer gegeben und der Showsport sei eben nur die spezifische Form dieses Bedürfnisses in der Gegenwart. Viel interessanter als die Unterstellung einer historischen Kontinuität ist jedoch die Beantwortung der Frage, weshalb jahrhundertelang Sport praktisch nur eine untergeordnete und zudem auf einzelne Schichten beschränkte Rolle gespielt hat.
Allein drei Ansätze stützen sich auf marxistische Gesellschaftstheorien. In einer Studie, die heute als Klassiker gelten darf, stellte Helmut Wagner bereits 1931 dem eta-

blierten Sport einen eigenständigen Arbeitersport gegenüber[14]. Entsprechend der materialistischen Geschichtstheorie setzt seine Analyse ebenfalls bei Griechen und Römern an, um für die Gegenwart dann zu dem im Rahmen seiner Studie konsequenten Schluß zu kommen, der Showsport sei grundsätzlich abzulehnen. Einen Schritt weiter geht in Anlehnung an Theodor W. Adorno dessen Schülerin Ulrike Prokop, die den »repressiven Charakter des Sports generell« betont[15].

In einer dritten und derzeit am weitesten verbreiteten Variante marxistischer Sporttheorie wird Sport im Rahmen des »Spätkapitalismus« als ein spezifisches Produkt der in westlichen Industriegesellschaften vorherrschenden Gesellschaftsstruktur und Sozialordnung beschrieben. Sport und Arbeit wird eine vergleichbare Struktur unterstellt, dem Hochleistungssport werden arbeitskonforme und arbeitsähnliche Denkinhalte zugeschrieben, die sich zur Anpassung an die Normen der Industriegesellschaft ideal eignen. Da Rigauer nur die nicht zu leugnenden Gemeinsamkeiten zwischen Sport und Arbeit in seine Definition von Arbeit einbezieht, ist seine Konformitätsthese logisch schlüssig, wenn auch empirisch falsch. Untersucht man Sport und Arbeit unter den Kriterien

Motivation,

Aktion,

Präsentation (der Leistung) und

Sanktion (bei abweichendem Verhalten),

dann bleibt auf einem Kontinuum nur *ein* Teilbereich – nämlich die Phase der Aktionen, genauer die Zeit der Aktionsvorbereitung vor allem –, der sich sinnvollerweise als ein Bereich struktureller Affinitäten zwischen Sport und Arbeit bezeichnen läßt[16].

Die weitestreichenden Vorarbeiten zu unserer Studie hat der Aachener Soziologe Heinz Meyer 1973 vorgelegt. Er interpretiert den Hochleistungssport als ein Phänomen des

Showbusiness und überwindet damit ältere Ansätze, die das Agonale in den Vordergrund rücken, die Nähe des Sports zu Spiel und Kampf als auch jenen diffusen Versuch von Lüschen, »Sport zwischen Spiel und Arbeit« anzusiedeln[18]. Meyer stellt das Verhältnis der wenigen Akteure zu den vielen (Fernseh-)Zuschauern in den Mittelpunkt seiner Analyse, ohne jedoch die zentralen Arbeiten von Goffman und Gebauer zu kennen, deren Ergebnisse erst eine theoretische Einordnung dieses Tatbestandes ermöglichen.
Verdienstvoll ist Meyers Ansatz besonders deshalb, weil in seiner Analyse des Sports als Showbusiness die Olympischen Spiele von 1972 als Untersuchungseinheit gewählt werden (und nicht Sportarten wie Fußball oder Eishockey, bei denen der Showcharakter viel leichter aufzuzeigen ist). Jene Olympischen Spiele also, die angeblich relativ frei sind von den Praktiken der dort nicht zugelassenen Profi-Sportarten. Diese Ideologie wird auf sehr nüchterne Art widerlegt. Nicht aufrechtzuerhalten erscheint der zentrale Terminus des Show*business.* Daß die Kommerzialisierung im Sport eigenen Gesetzmäßigkeiten unterliegt, soll im folgenden noch gezeigt werden. Vorerst sei lediglich auf die je nach Gesellschaftssystem unterschiedliche Gratifikation der Showstars hingewiesen, die es zwar erlaubt, generell vom Sport als Show, nicht jedoch vom Sport als Showbusiness zu sprechen. Dieser Aspekt bleibt eine Variante kapitalistischer Gesellschaften.
Gemeinsam ist den hier skizzenhaft angedeuteten Theorien, Einzelaspekte des Sports sowohl in ihrer historischen Entwicklung als auch in ihrer Realität durchaus zu erhellen. Insgesamt fehlt es ihnen an Indikatoren zur Beschreibung und Analyse des modernen Sports.

b) *Indikatoren zur Analyse des Sports*

Mit Hilfe von fünf Indikatoren versuchen wir, den epochalen Charakter des Showsports, und innerhalb dieses Rahmens auch den des übrigen Sports, zu analysieren.
Diese Indikatoren sind:

1. *Professionalisierung* als Prozeß der »Verberuflichung« des Hochleistungssports und der Verwissenschaftlichung des gesamten Sports;
2. *Instrumentalisierung* als Prozeß, Showsport und Sozialsport als Mittel der Außen- bzw. Gesellschaftspolitik einzusetzen;
3. *Kommerzialisierung* als Prozeß der Durchsetzung wirtschaftlicher Interessen, auch in primär nicht-ökonomischen Bereichen;
4. *Internationalisierung* als Folge einer technologischen Innovation (Fernsehen) und als Voraussetzung zur Diffusion des Sports;
5. *Visualisierung* als ideologische Spiegelung dieser Innovation; ein Prozeß sich verändernder Kommunikationsstrukturen und Wertvorstellungen.

Eine Kausalkette bilden diese Indikatoren nicht. Hingegen sind die Beziehungen untereinander vielfältig. Kommerzialisierung beispielsweise gilt neben der Instrumentalisierung des Sports als eine Ursache für den Prozeß der Professionalisierung. Andererseits bildet fortschreitende Professionalisierung erst die Voraussetzung zur weiteren Kommerzialisierung des Showsports. Aufgabe ist es nun, diese theoretischen Begriffe zu operationalisieren; d. h. sie zu konkretisieren, sie damit kritisierbar und überprüfbar, im Idealfall auch quantifizierbar, empirisch meßbar zu machen. Dabei ist zu beachten, daß »theoretische Begriffe (im Gegensatz zu deskriptiven wie Alter, Geschlecht, Beruf; G. H.) ... prinzipiell nicht vollständig operationalisiert werden (können). Die Operationalisierung bezieht sich mithin nur auf Teilaspekte des gemeinten Sachverhalts, es werden immer nur *Indikatoren* konkret erfaßt. Es kommt bei der Auswahl der Indikatoren darauf an, auf der Zielscheibe des universalistischen (theoretischen) Begriffs gewissermaßen das Schwarze zu treffen«[19].

Auf die vorliegende Untersuchung bezogen lautet also die Fragestellung: inwieweit sind die theoretischen Begriffe Professionalisierung, Instrumentalisierung, Kommerzialisierung, Internationalisierung und Visualisierung notwendige, hinreichende und vor allem ertragreiche Indikatoren zur Analyse speziell des Showsports und des Sports insgesamt? Wäre es nicht zweckmäßiger, von der herkömmlichen Unterscheidung in Schulsport, Freizeitsport, Betriebssport, Leistungssport, Hochleistungssport und Berufssport auszugehen? »Im Grunde bleibt eine solche Systematisierung in einem konventionellen Verständnis von Sport und dem traditionellen Begriff von Wissenschaft stecken«, schreibt hierzu Ommo Grupe[20]. Er möchte von einem integrativen sportwissenschaftlichen Ansatz aus eine »mehrdimensionale Klassifikation« schaffen, die den Problemen der Leistung, des Konsums, der Verwertung des Sports, der Gruppendynamik und der Motivation gerecht wird.

In einem eigenständigen Ansatz soll versucht werden, zwei naheliegenden Gefahren zu entgehen. Einmal durch die Wahl der theoretischen Begriffe den Untersuchungsgegenstand so zu definieren, daß gar nichts anderes dabei herauskommen kann, als eine Abbildung des Bestehenden nach dem bewährten Schema: wer schon keine eigenen Gedanken zum Sport hat, der sage zumindest, der Schulsport ist gut, der Freizeitsport dient der Emanzipation, und der Hochleistungssport trägt die Schuld daran, daß Schul- und Freizeitsport nicht die verdiente Anerkennung finden. Die andere Gefahr liegt in der umgekehrten Intention, den Bruch mit der wissenschaftlichen Tradition zu abrupt zu vollziehen, das Ockhamsche Prinzip – die zu erforschenden Gegenstände nicht ohne Not zu erhöhen – zu verletzen.

Gewählt wurde ein Weg, der zentrale Dimensionen des modernen Sports deutlich werden läßt; auf dem Indikatoren verwendet werden, die es erlauben, Sport im Gegensatz zum Spiel – einer anthropologischen Konstante – als historisches, d. h. wandelbares Phänomen zu beschreiben und partiell zu analysieren. Diese Dimensionen sind:

die technologisch-geopolitische (Internationalisierung),
die ideologische (Visualisierung),
die politische (Instrumentalisierung),
die wissenschaftlich-organisatorische (Professionalisierung),
die wirtschaftliche (Kommerzialisierung).

Der Begriff der Internationalisierung ist innerhalb der sportsoziologischen Diskussion seit langem eingeführt durch Arbeiten von Norbert Elias und Ian Taylor[21]. Ähnliches gilt für den Begriff der Professionalisierung[22]. Hier handelt es sich um die Anwendung einer soziologischen Theorie mittlerer Reichweite auf den Sport. Instrumentalisierung ist ein geläufiger, fast zu abgegriffener Terminus. Überdies sind die Fakten, die mit seiner Hilfe im internationalen Sport analysiert werden können, weitgehend bekannt. Aus diesem Grund wird in der vorliegenden Arbeit die bisher kaum beachtete Instrumentalisierung des Schul- und Freizeitsports stärker berücksichtigt. Kommerzialisierung ist ein sicher notwendiger, wenn bisher auch kaum operationalisierter Begriff zum Verständnis des modernen Sports, der um so überzeugender eingesetzt werden kann, je weniger er als Funktion eines wie gut auch immer gemeinten Engagements mißbraucht wird.

Mit dem Begriff der Visualisierung sollen grundlegende Veränderungen im Bewußtsein der Zuschauer – nahezu jeder Sporttreibende sieht gelegentlich Sport – aufgezeigt werden; Veränderungen als Folge einer technologischen Innovation (Internationalisierung). Insofern sind die deskriptiven Indikatoren beider theoretischen Begriffe identisch, einmal vorausgesetzt, Bewußtsein ist überhaupt meßbar. Denkbar wäre für beide Termini der Oberbegriff Mondialismus, in dem – der französischen Tradition entsprechend – die Bedeutung stärker berücksichtigt wird als die ihr vorausgehenden Umwälzungen auf der materiellen Ebene. Gestützt auf die Untersuchungen von George Steiner erscheint mir Visualisierung als eine, wenn nicht die zentrale Kategorie zum Verständnis nicht nur des modernen Showsports[23].

Übersicht 3: Theoretische und deskriptive Indikatoren zur Analyse des Sports[24]

Professionalisierung
1. Art der Organisation (staatlich-privat, Verein, Leistungszentrum, Universität); Auswahl der Talente (systematisch, zufällig, Mischform)
2. Zahl, Ausbildung und Lizensierung der Trainer, des wissenschaftlichen Troß und der Animateure (Freizeitsport)
3. Mittel für Forschung
4. Grad der Verberuflichung (Vollprofi, Semiprofi, Staatsamateur, bezahlter Student; Freizeitberater)
5. Grad beruflicher Autonomie
6. Grad sozialer Kontrolle im Berufssport; Grad sozialer Kontrolle im Sozialsport; Grad sozialer Kontrolle im Freizeitsport

Instrumentalisierung
1. Staatliche Ausgaben für Sportförderung
2. Relation der Ausgaben für Show-, Sozial- und Freizeitsport
3. Höhe der Subventionen
4. Beachtung des Sports durch Parteien und Interessengruppen
5. Anwesenheit von Ministern bei Sportereignissen
6. Zahl und Art der Glückwünsche für Sieger internat. Wettkämpfe

Kommerzialisierung
1. Umsatz pro Sportart
2. Umsatz der Sportwetten
3. Umsatz der Sportwerbung
4. Umsatz der Sportartikelindustrie
5. Relation der Stadioneinnahmen/Fernseheinnahmen

6. Anlage- und Umlaufvermögen, Grundkapital und Kredite pro Verein
7. Höhe der Gehälter, Prämien und Ablösesummen

Internationalisierung und Visualisierung
1. Zahl der Länder, in denen internationale Sportereignisse übertragen werden
2. Diffusion und Verteilung der Sportarten auf bestimmte Länder
3. Entwicklung der Nationalsportarten
4. Zahl der Fernsehapparate in Relation zur Bevölkerung
5. Zahl der Fernsehzuschauer in Relation zu den Zuschauern im Stadion
6. Relation Analphabeten/Leser/Zuschauer

---

c) Professionalisierung und Instrumentalisierung

> »Hätte ich mehr Zeit gehabt zum Trainieren, dann wäre ich ein noch besserer Fußballspieler geworden.«
>
> *Franz Beckenbauer*

Bei dem Professionalisierungsprozeß handelt es sich um einen systematisch geplanten, institutionell gelenkten Versuch zur Steigerung der Qualifikation. Hierbei werden wissenschaftliche Forschungsergebnisse einbezogen, unter anderem die der Sportmedizin, der Biomechanik und der Trainingswissenschaft, der Sozialpsychologie und der Soziologie. Unterstützt wird dieser Trend durch die systematische technologische Verbesserung der Sportgeräte. Die Folgen dieser Entwicklung lassen sich aus der Perspektive des Aktiven und der von Institutionen analysieren. Die Rolle des Sportlers verändert sich aus Gründen, die nur zum Teil im Sport selbst liegen. Durch technologische Entwicklung wird Rollendifferenzierung und Professionalisierung im Showsport forciert. Die Rolle des Aktiven läßt sich nicht mehr ausschließlich als die eines Einzelsportlers analysieren. Der Aktive wird in zunehmendem Maße zu einem Objekt innerhalb eines technologisch begründeten Systems, das ohne Rollendifferenzierung nicht mehr handlungsfähig ist.

Auf der institutionellen Ebene kommt es zur Errichtung

von Organisationseinheiten wie der eines Bundesinstituts für Sportwissenschaft (BISp), der des Bundesausschusses zur Förderung des Leistungssports (BAL), der von Trainingszentren für einzelne Sportarten und den systematischen Aufbau von Trainerakademien. Ohne ein Stück Papier, die Lizenz, deren Vergabe ein Monopol des jeweiligen Verbandes bildet, ist der Mensch auch im Sport nicht existent.

Dieser Trend zur Professionalisierung bedeutet auf institutioneller Ebene zugleich einen Funktionsverlust des Vereinssports. Dessen Strukturen mit der Vielzahl verdienter ehrenamtlicher, d. h. dilettantisch oder gar nicht ausgebildeter Funktionäre und Übungsleiter entsprechen den Anforderungen des modernen Showsports nicht. Wenn es richtig ist, daß auch »Geselligkeit« als Motiv für die Mitgliedschaft in einem Verein an Bedeutung verliert, dann liegt die Zukunft der westdeutschen Sportvereine in ihrer Funktion als Dienstleistungsunternehmen innerhalb des Freizeitsektors.

Die Tatsache steigender, mit staatlichen Mitteln forcierter Professionalisierung im Showsport hat eine zunehmende *ökonomische und soziale Kontrolle* dieses geschäftlichen Sportbetriebes zur Folge. Die Kehrseite sozialer Anerkennung ist der Zwang zur Einhaltung gesellschaftlich verbindlicher Normen. Schon aus diesem Grund können beispielsweise Korruption, Kinderarbeit und Medikamentenmißbrauch nicht interne Angelenheiten autonomer Verbände bleiben. Die Einbeziehung der *sozialen Dimension* (= öffentliches Interesse) ist neben der Verwissenschaftlichung und der »Verberuflichung« das entscheidende Merkmal des Professionalisierungsprozesses. Konkret: solange Jungen zum Spaß auf einer Wiese Fußball gespielt haben, hielt sich das öffentliche Interesse an ihren Aktionen in Grenzen; es war ihr Privatvergnügen und wurde auch entsprechend respektiert.

Im übrigen sei auf den grundlegenden Unterschied zwischen dem hier beschriebenen Prozeß der *Professionalisierung* und dem *Professionalismus* hingewiesen. Professionalismus ist die wissenschaftliche Umschreibung des aus der Umgangssprache bekannten Begriffs *»Profisport«*. Um Verwechslungen zu vermeiden, verwende ich selbst, ebenso wie auch Neale, den letztgenannten Begriff. *Professionalisierung ist ein universeller Prozeß im Showsport*; er ist in sozialistischen Staaten mindestens soweit fortgeschritten wie hierzulande. Profisport ist der primär unter kommerziellen Bedingungen ausgeübte Sport in kapitalistischen Gesellschaften, insbesondere also der reine Berufssport. An Veranstaltungen, die überwiegend oder ausschließlich von Berufssportlern getragen werden, nehmen nicht selten Sportler aus sozialistischen Staaten teil – ohne Hunger zu leiden.

Unter *Instrumentalisierung* des Showsports verstehen wir den Versuch, die Reputation des jeweiligen Gesellschaftssystems durch sportliche Erfolge seiner Mitglieder zu erhöhen, Individuen die Möglichkeit sozialen Aufstiegs zu suggerieren und den Massen ein Identifikationsobjekt mit der bestehenden Gesellschaftsordnung zu bieten. Die Russen Aleksander D. Novikov und M. Maksimenko haben zu zeigen versucht, daß das sportliche Leistungsniveau einer Gesellschaft

a) vom sozialen und ökonomischen Standard des Landes sowie
b) von der Gesamtbevölkerungszahl des Landes beeinflußt wird.

»Quantitativ ist der Effekt des ersten Faktors 3,72 mal stärker als der des zweiten Faktors«[25]. Wie aus der Tabelle 1 hervorgeht, ist der sportliche Leistungsstandard in sozialistischen Ländern höher als in kapitalistischen, trotz quantitativ gleicher sozialer und ökonomischer Faktoren, die als Basis dieses Vergleichs dienten[26]. Die Autoren begründen diese Tatsache mit der Annahme, im Kapitalismus setze sich der Lebensstandard aus dem Reichtum weniger und der Armut vieler zusammen, während der Sozialismus für das Wohlergehen aller sorge. Diese Schwankungen spiegelten sich in den sportlichen Erfolgen und Mißerfolgen wider.

Der theoretische Ansatz beider Autoren ist grundsätzlich in Frage zu stellen. Bilden sozio-ökonomische Faktoren eine hinreichende Bedingung zur Erklärung von unterschiedlichen Leistungen divergierender Gesellschaftssysteme im Sport? Ein Ansatz, der von den politischen und sozialen Lebensbedingungen im jeweiligen Gesellschaftssystem ausgeht, müßte als Ergänzung dieser hier diskutierten Argumentation hinzugezogen werden. Eine erfolgreiche sportliche Karriere bietet einem jungen Menschen in einem sozialistischen Staat ein Höchstmaß an Freizügigkeit ideologischer und materieller Art bei einem Minimum an ideologischer Linientreue – wie sie beispielsweise von einem Schriftsteller erwartet wird. Die Motivation, sich auf den Hochleistungssport zu konzentrieren, ist aus einem Mangel an Alternativen in sozialistischen Staaten stärker ausgeprägt als in kapitalistischen.

Erst aus dem Faktorenbündel

a) sozialer und ökonomischer Standard eines Landes,
b) Gesamtbevölkerungszahl eines Landes,
c) Talentsuche, Talentförderung und Organisation des Sports sowie
d) durch Gratifikation gesteuerte Motivation innerhalb des jeweiligen Gesellschaftssystems

lassen sich gültige Aussagen über den unterschiedlichen sportlichen Leistungsstandard divergierender Gesellschaftssysteme machen. Die Ergebnisse der vorliegenden Untersuchung müssen entscheidend relativiert werden, weil die kapitalistischen Profisportarten in der vergleichenden Untersuchung nicht berücksichtigt worden sind.

Tabelle 1: Sportliche Leistungen sozialistischer und nicht-sozialistischer Länder in Tokio

	Sozia-listische Länder	Kapita-listische Länder	Andere Länder
1. Anzahl der Länder	9	25	58
2. Durchschnittliches Volkseinkommen in einem Land (in Dollars)	675	654	140
3. Durchschnittliche Anzahl der Teilnehmer pro Land	97,1	90,1	25,9
4. Durchschnittliche Punktzahl pro Teilnehmer	30,1	21,3	13,9
5. Durchschnittliche Punktzahl pro Land	3463	2232	432

Verdienstvoll ist der Ansatz der sowjetischen Forscher insofern, als er die schon in anderen Untersuchungen gewonnene These bestätigt: Sporterfolge im Gesamtbereich des Sports – also nicht nur in einer einzigen Sportart – lassen sich ohne günstige sozio-ökonomische und organisatorische Bedingungen grundsätzlich nicht in andere Länder übertragen. Auf indirekte Weise wird hierdurch der technisch-wissenschaftliche Charakter des modernen Hochleistungssports deutlich. Sport trägt also dazu bei, die bestehende politische Ungleichheit zwischen Ländern mit unterschiedlichem Niveau der technisch-wirtschaftlichen Entwicklung zu verstärken.

d) Kommerzialisierung

Der Versuch, Kommerzialisierung als theoretischen Begriff für eine Analyse des Sports wieder zu verwenden, ist nicht einfach. »Idealisten des Sports« geraten bei seiner bloßen Erwähnung in Zorn, sie sehen eine Idee unterwan-

dert – nicht vom Geld, sondern von denen, die so unhöflich sind, Fakten beim Namen zu nennen. Materialisten wiederum verhalten sich so wie ein Kommissar, dem der entscheidende Indizienbeweis gelungen ist. Das Wort allein richtet den Sport, alles andere ist dann reine Routine, durchgeführt nach Regeln, die erdacht worden sind, als es den modernen Sport noch nicht einmal ansatzweise gab.
Aus drei Perspektiven läßt sich zeigen, daß Kommerzialisierung zwar ein Schlüsselbegriff ist zur Analyse des Sports, monokausal angewandt jedoch zu keinerlei neuen Erkenntnissen führt. Diese Perspektiven ergeben sich
a) aus einer historischen Betrachtung
b) aus einer immanenten Analyse des Subsystems Sport sowie
c) aus dem Versuch, das Subsystem Sport in ein übergreifendes Wirtschaftssystem einzuordnen.

Kommerzialisierung im Sport bedeutet nicht die Übernahme eines populären Vorurteils nach dem Schema: Sport ist ausschließlich ein Geschäft.

Als Gegenpol zu der idealistischen Auffassung, Sport werde um seiner selbst willen betrieben, steht auf dem anderen Ende eines Kontinuums der durch Geschäftsinteressen geprägte Sport, Sport als Teil der Ökonomie. Kommerzialisierung als Prozeß ist also einzuordnen auf diesem Kontinuum.

In der bisherigen Geschichte hat es einen von wirtschaftlichen Interessen freien Sport kaum gegeben, insbesondere nicht zur Zeit der antiken Olympischen Spiele, deren angeblich ausschließlich »agonaler« Charakter inzwischen als Mythos entlarvt werden konnte. Auch hielt der Begründer der modernen Olympischen Spiele, Henri Baron de Coubertin, nicht sonderlich viel von der Amateuridee. Amateure in nennenswertem Umfang hat es nur während einer kurzen Zeitspanne im Sport gegeben. Sport in der Neuzeit wurde nicht plötzlich entdeckt und anschließend kommerziell verwertet. Er wurde ganz im Gegenteil nicht zuletzt deshalb betrieben, um Objekte zum Wetten zu haben, hatte also von Anfang an eine kommerzielle Dimension.

Diese kommerzielle Dimension ist jedoch bis auf den heutigen Tag so spezifisch auf den Sport bezogen, daß durch eine vereinfachende Gleichsetzung von Sport und Geschäft wesentliche Eigenschaften sowohl des Sports als auch der Ökonomie analytisch nicht zu erfassen sind. Dies ergibt eine Untersuchung des Subsystems Sport, angelegt als ein Vergleich »der Theorie des Unternehmens im sportlichen Wettbewerb und im Marktwettbewerb«. Walter C. Neale hat eine der interessantesten Analysen innerhalb der Sportwissenschaften unter dem Titel »Die eigenartige Ökonomie des Profi-Sports« diesem Thema gewidmet[27]. Neales Ansatz wird im folgenden nachvollzogen und in zwei Punkten weiterentwickelt. Den Massenmedien wird entsprechend unserem eigenen Ansatz ein stärkeres Gewicht beigemessen, als Neale dies getan hat bzw. es 1964 tun konnte. Zweitens bringen wir anstelle der angeführten Beispiele Belege, die dem Leser der vorliegenden Studie vertraut sind.

Beide Unternehmen, das Industrieunternehmen wie der Profisport betreibende Sportverein, erstreben Gewinne. Das Ziel eines normalen Geschäftsbetriebes ist es nun, die Konkurrenz in Grenzen zu halten oder gar auszuschalten, um auf einem wirtschaftlichen Sektor ein Monopol zu erreichen. Gegen Einbrüche konjunktureller Entwicklungen sichert sich das Unternehmen ab durch Diversifikation, d. h. durch die Herstellung verschiedener Produkte, die in unterschiedlicher Weise vom Markt abhängig sind. In der Regel sind alle Produkte der Unternehmensgruppe in *einem unteilbaren Prozeß hergestellt.* Je geringer – was heute in der Bundesrepublik vielfach heißt: qualitativ schlechter – die Konkurrenz ist, desto höher sind die

Gewinne. Hiermit zeichnen sich grundlegende Unterschiede zwischen der Ökonomie im herkömmlichen industriellen Bereich und im Bereich des Profisports ab.

1. Monopole im Sport gelten als unvorteilhaft. »Je stärker die sportliche Konkurrenz, desto größer sind die Gewinne«[28].
   Neale bezeichnet diese Tatsache als »Louis-Schmeling-Paradox«. Ein Boxweltmeister ohne attraktive und gute Gegner hat wenig Freude an seinem Titel und kaum Einnahmen.
2. Das Unternehmen im Profisport ist strukturell auf Kooperation angewiesen. Es kann sein Produkt – das Spiel, den Kampf, das Rennen – nicht allein herstellen.
3. Das Produkt im Profisport setzt sich also zusammen aus (Beispiel Fußball)
   a) dem Spiel selbst,
   b) der Existenz einer Liga und dem derzeitigen Stand der Gegner in dieser Liga,
   c) der Existenz von Massenmedien und der Kommunikation über das Spiel (insbesondere in Form von Vorschauen).

An der Entwicklung der Zuschauerzahlen bei Freundschaftsspielen läßt sich diese Tendenz eindrucksvoll belegen. Auch die Laien immer wieder überraschende Tatsache, daß Länderspiele für die meisten Zuschauer von geringerem Interesse sind als Veranstaltungen der Bundesliga, läßt sich so erklären. In Länderspielen fehlt der Bezugspunkt. Mit Ausnahme der Welt- und Europameisterschaften geht es um nichts in diesen Spielen. Ihr Ausgang bleibt folgenlos.

Das Sportunternehmen besteht also nicht aus einem oder zwei Vereinen. Denn einmal geteilt, ist das Produkt kein Produkt mehr, wie das Beispiel der Freundschaftsspiele zeigt. Das Sportunternehmen ist die Liga, die wiederum folgerichtig mit dem Fernsehen verhandelt und Pauschalbeträge, unabhängig vom jeweiligen Tabellenplatz, für die einzelnen Mannschaften aushandelt.

»Jeder Profi-Sport ist ein natürliches Monopol«[29]. Zuweilen gibt es mehrere »Monopole« wie z. B. im Boxen und im Eishockey. Für diesen Fall bietet Neale vier Lösungen an:

1. Den Zusammenschluß vom Oligopol zum Monopol
2. Den Konkurs eines Unternehmens
3. Das Weiterbestehen mehrerer Ligen oder Verbände *ohne* wirtschaftliche Konkurrenz
4. Das Weiterbestehen mehrerer Ligen derselben Sportart, die wirtschaftlich und sportlich konkurrieren können.

Der Fall vier läßt sich historisch über einen längeren Zeitraum nicht belegen. Die Beispiele eins und zwei sind für die Vergangenheit typisch. Fall eins ist das Ergebnis im Baseball, Fall zwei das des Profi-Footballs in den vierziger Jahren. Bleibt also als Regelfall neben dem Monopol Fall drei, der am häufigsten dann eintritt, wenn die Ligen geographisch so weit voneinander entfernt sind, daß eine Konkurrenz nicht befürchtet zu werden braucht. Geschäftliche Konkurrenz im Profisport könnte also bestenfalls zwischen verschiedenen Sportarten bestehen. Zu diesem Thema liegen keine Untersuchungsergebnisse vor. Einige Hinweise deuten jedoch Möglichkeiten an, auch zwischen den Sportarten der Konkurrenz auszuweichen: saisonal und schichtenspezifisch. Baseball wird im Frühjahr und Sommer gespielt, Football im Herbst und Winter, Basketball füllt den Winter aus. Interessant bleibt die Beantwortung der Frage, wie sich der unaufhaltsame Aufstieg des europäischen Fußballs (soccer) für die amerikanischen Nationalsportarten auswirken wird. Auf die Idee, daß seine Verbreitung die anderen Sportarten kommerziell gar nicht tangieren könnte, ist bislang noch niemand gekommen. Schichtenspezifisch betrachtet, bilden Zuschauer von Kricket und Ringen beispielsweise keine Konkurrenz.

Die Feststellungen Neales verweisen auf Probleme im Profisport, die hierzulande zwar bekannt, wenn auch selten theoretisch erörtert worden sind. Ein Wirtschaftsunternehmen ist eine juristische Person, die Eigentum besitzt mit dem Ziel, es zu vermehren. Es besteht innerhalb des Unternehmens eine Identität zwischen den Organen, die Entscheidungen treffen, und denen, die Gewinne erzielen und über deren Verwendung Beschlüsse fassen. Im Profisport hingegen erzielt das Teilunternehmen Verein die Gewinne, während alle wesentlichen Entscheidungen von den Gremien der Liga getroffen werden. Die sich hieraus ergebenden Konflikte sind bekannt. Sie verweisen auf mangelnde Professionalisierung eines professionalisierten Sports. Nur liegen die Ursachen hierfür nicht allein bei einigen Vereinen der Liga, die aus unterschiedlichsten Gründen nicht zu wirtschaften verstehen, sondern gleichzeitig in Statuten und Praktiken einer Liga. Sie ermuntert zunächst zu abenteuerlichem Finanzgebaren, um dann mit Lizenzentzug zu drohen.
Sich über astronomische Beträge im Geschäft um Ablösesummen und Handgelder moralisch zu entrüsten, verweist zwar auf die guten Absichten des jeweiligen Autors und des entsprechenden Mediums, führt bei der Analyse des Sports jedoch in eine Sackgasse. Konkret bedeutet dies, Sport nicht nur aus historischer Perspektive, nicht nur als ein scheinbar autonom reguliertes Subsystem zu sehen, sondern Sport als einen Teil einer Wirtschafts- und Gesellschaftsordnung zu begreifen. Gerade sozio-ökonomische Fakten belegen eine Kernthese der eigenen Untersuchung. Sie lautet stark vereinfacht: unterschiedliche Gruppen haben ein verständliches Interesse daran, die Bedeutung des modernen Sports überzubewerten. Aufgabe des Wissenschaftlers ist es hingegen zunächst einmal, Fakten und Hypothesen als Grundlage einer weiterführenden Diskussion darzulegen. Sport wird in zunehmendem Maße kom-

merzialisiert. Diese These ist sicher richtig, wenn auch keineswegs überraschend. Ein gegenteiliges Ergebnis wäre eine wissenschaftliche Sensation. Weshalb in einer profitorientierten Gesellschaft ausgerechnet *ein* Bereich, nämlich der des Sports, von den Normen eben dieser Gesellschaft ausgeschlossen sein sollte, ist nicht recht einzusehen. Am allerwenigsten im Showsport. Sportler benötigen wie andere Arbeitnehmer auch, angesichts einer Vollzeitbeschäftigung über einen längeren Zeitraum, Mittel für ihren Lebensunterhalt. Sie werden, in unterschiedlicher Weise je nach Gesellschaftssystem, für zu erwartende oder erbrachte Leistungen entlohnt. Darüber hinaus treten sie als Werbeträger auf. Für die Werbung sind Sportler lediglich ein funktionales Äquivalent, jederzeit austauschbar. Berufssportlern ihre Einnahmen vorzuwerfen, führt also kaum weiter. Lediglich deren Höhe und die zuweilen kriminelle Form, sie zu erreichen, kann – wie in anderen Lebensbereichen auch – als soziales Problem betrachtet werden.
Aufschlußreicher ist die systematische Vermarktung des Freizeitsports, ein Bereich, der dem Showsport immer wieder als Beispiel »positiven Sports« gegenübergestellt wird. Rund sechs Milliarden DM wurden 1976 von der Sportartikelindustrie umgesetzt. Der Hauptanteil dieses Betrages ist in den Freizeitsport geflossen. Die Übersicht »Sport als Industrie« zeigt, wie relativ gering die Ausgaben im Showsport sind gegenüber denen für Freizeitsport einerseits und für Wetten und Glücksspiele andererseits[30]. Im Vergleich zu größeren Wirtschaftunternehmen nimmt der Sport – gemessen an der hohen Zahl der Aktiven und der Zuschauer – einen bescheidenen Mittelplatz ein. Wäre die Sportartikelindustrie *eine* Firma, so stände sie unter den umsatzstärksten bundesrepublikanischen Unternehmen[31] auf Platz 27. Im Showsport zeichnen sich die Grenzen des ökonomisch Machbaren ab, nicht zuletzt deshalb, weil sie bereits Gegenstand einer öffentlichen Diskussion ge-

Übersicht 4: Sport als Industrie (Umsatz 1976)

1. Wetten (aktiv)	
Spielkasinos	8,0 Milliarden
Flipper, Billard, Videospiele	1,8 Milliarden
Totalisator	ca. 1,0 Milliarden
Toto	323,0 Mio.
Rennquintett	61,0 Mio.
2. Wetten (passiv)	
Lotto	3,5 Milliarden
Spiel 77	316,0 Mio.
Südd. Klassenlotterie	155,0 Mio.
Nordwestdtsch. Klassenlotterie	110,0 Mio.
3. Showsport	
Bundesliga 1976/77	ca. 150,0 Mio.
WM 1974	ca. 350,0 Mio.
Olympische Spiele 1972	ca. 1,3 Milliarden
4. Freizeitsport	
Sportartikelindustrie	6,0 Milliarden

worden sind. Indikator für diesen Trend sind die zunehmend solider werdenden Praktiken im westdeutschen Berufsfußball, gemessen an jener stürmischen »Geschäftspolitik« im ersten Jahrzehnt der Fußballbundesliga. Gewiß lassen sich Aktionen und insbesondere die Präsentation im Showsport noch steigern. Doch ist dies ein Prozeß der Perfektionierung zugunsten weiterer Höchstleistungen. Die Zahl der Aktiven läßt sich nur noch in Grenzen erhöhen. Durch die Propagierung des »totalen Sports« wird hingegen der Freizeitsport in immer stärkerem Maße zu einem idealen Betätigungsfeld kommerzieller Interessen werden.

e) Internationalisierung und Visualisierung

Professionalisierung und Instrumentalisierung sind notwendige Kategorien zur Beschreibung des Hochleistungssports. Zum Verständnis des Showsports jedoch reichen sie nicht aus. Hochleistungssport wird zum Showsport erst durch eine Änderung der technischen und insbesondere der symbolischen Struktur sozialer Kommunikation. Eine Änderung der Kommunikationsstruktur wurde möglich durch die rasche Ausweitung des Verkehrswesens, insbesondere durch die Weiterentwicklung der Flugtechnik. Sportveranstaltungen können an nahezu jedem Ort der Welt veranstaltet werden. Da dies auf Dörfern nicht gerade rentabel ist, kam dem Sport der weltweite Trend zur Urbanisierung entgegen. Massensport verlangt ein Massenpublikum. Die Bevölkerungsexplosion garantiert zudem ein ständig wachsendes Publikum. Die Weiterentwicklung des Verkehrswesens und die demographischen Fakten allein jedoch trügen kaum zur Ausweitung des Sports bei, wenn an jedem beliebigen Ort ausgetragene Sportveranstaltungen nicht auch an jedem beliebigen Ort verfolgt werden könnten. Ohne die internationale Multiplikation durch das Fernsehen wäre der organisatorische, insbesondere der technisch-wissenschaftliche Aufwand für den Showsport in seiner gegenwärtigen Form sinnlos und kaum zu finanzieren. Fernsehanstalten werden in zunehmendem Maße zu inoffiziellen Ausrichtern sportlicher Veranstaltungen. Die Ausweitung des Fernsehens ist für die Begründung des Showsports konstitutiv. Gemeinsam mit der Weiterentwicklung des Verkehrswesens ist insbesondere das Fernsehen für die Internationalisierung des Sports Voraussetzung.

Einen Vorgeschmack von den Möglichkeiten einer Instrumentalisierung des Sports und ihrer vorerst geographisch begrenzten Visualisierung hatte die Olympiade 1936 in

Berlin gegeben. Durch den Krieg wurden die Olympischen Spiele und die Entwicklung des Fernsehens gebremst.
Das Fernsehen ist nicht nur eine Kommunikationsform für Sport, es ist auch mehr als Objekt der Alltagsunterhaltung über Sport; durch das Fernsehen wird zugleich die *Organisation* des Sports beeinflußt. Dieser letzte Aspekt wird in nahezu allen Analysen übersehen, obwohl eindeutige Zahlenangaben vorliegen. Danach verfolgen mehr als elf Millionen Zuschauer pro Jahr die Spiele der ersten und zweiten Fußballbundesliga in den Stadien der Bundesrepublik[32]. Rund 220 Millionen jedoch schauen sich die Ausschnitte dieser Spiele an. Hierführ zahlt das Fernsehen zur Zeit ca. fünf Millionen DM an den Deutschen Fußballbund. Von kleineren Sportverbänden weiß man, daß sie die Anfangszeiten ihrer Veranstaltungen nach den Wünschen des Fernsehens festlegen, weil erst der finanzielle Zuschuß des Fernsehens die Veranstaltung in der vorgesehenen Form ermöglicht. Von den 78 Millionen DM Einnahmen der Fußballweltmeisterschaft 1974 stammten allein rund 38 Millionen DM vom Fernsehen, einschließlich der Werbung, die erst durch die Übertragung von Interesse ist[33].
Unter finanziellen Gesichtspunkten sind Zuschauer im Stadion schon jetzt entbehrlich, wenn es um die Ausrichtung von Weltmeisterschaften und Olympischen Spielen geht.
Angesichts dieser Fakten muß Günther Lüschens Versuch als veraltet gelten, der Institution Sport vier Organisationsformen in der folgenden Weise zuzuschreiben: »(1) formal organisierter Sport in besonderen Vereinen und Verbänden. (2) Sport in spontanen Gruppen wie in Kinderspielen oder beim Freizeitsport unter Freunden. (3) ›Institutioneller‹ Sport, wobei Sport innerhalb einer anderen Institution (oder deren formaler Organisation) ausgeübt wird und dann weitgehend von diesen Institutionen und ihrer normativen Struktur beeinflußt wird. Hierher gehören der

Sport in Bildung und Erziehung (Schulsport), beim Militär, in der Wirtschaft (Betriebssport), in Jugendorganisationen und im Strafvollzug. (4) ›Kommunikativer‹ Sport als Teil alltäglicher Unterhaltung, als Teil der Massenmedien oder als Schauspiel«[34].

Der Showsport gehört in die Kategorien drei *und* vier. Er wird nicht nur von der normativen Struktur des Fernsehens beeinflußt und entscheidend geprägt, sondern auch von der Zeitstruktur und den materiellen Möglichkeiten dieses Mediums. Die für den Showsport konstitutive Präsentationsleistung im Gegensatz zur Aktionsleistung des Aktiven oder einer Mannschaft ist ohne die Institution der Massenmedien gar nicht organisierbar.

Es wäre jedoch zu einfach, eine technologische Innovation – das Fernsehen – als alleinige Ursache für die Entstehung des Showsports anzusehen. Parallel hierzu verläuft ein Prozeß der Visualisierung in nahezu allen Gesellschaften: die Widerspiegelung einer technologischen Innovation im Wertsystem und im Verhalten der Individuen. Das Bild tritt an die Stelle des Wortes. Hinzu kommen Musik und Technik als universelle Phänomene. An diesem Punkt schließt sich der Kreis zum Sport. Die Diskothek – eine Mischung aus Musik und Technik – tritt an die Stelle des Cafés, einer Mischung aus Kommunikation und Muße. Die Sprache des Sports in ihrem knappen, einprägsamen Jargon kommt dem Rückzug der Wörter entgegen[35]. Folgerichtig heißen Standardsendungen im Radio dann auch »Sport und Musik«. Von einer Sendereihe »Politik und Musik« oder auch nur »Kultur und Musik« wurde nichts bekannt.

Der Prozeß der Visualisierung ist von dem der Säkularisierung nicht zu trennen. In beiden Fällen handelt es sich um eine Änderung der Wertordnung. Säkularisierung heißt zunächst einmal »Verweltlichung« und umschreibt den Prozeß einer zunehmenden Verselbständigung von Individuen und Korporationen gegenüber religiösen und kirchlichen Einflüssen, die Herausbildung einer von kirchlichen Normen und Werten unabhängigen Identität. Säkularisierung ist nicht allein ein Problem des 16. oder des vergangenen 19. Jahrhunderts, sondern sehr wohl auch eines der Zeitgeschichte. Noch in den fünfziger Jahren wurde in der Bundesrepublik ein erbitterter Streit darüber geführt, ob am Sonntagvormittag der Gottesdienst oder ein Fußballspiel Priorität verdient. Diese Frage wäre heute anachronistisch.

Pastor und Pfarrer sind froh, wenn sie in der heimischen Mannschaft den Posten des Linksaußen, zumindest als Ersatzspieler, einnehmen dürfen und auf den gut gemeinten Tagungen der kirchlichen Akademien ihren Beitrag zur Misere des Sports hierzulande vortragen können. Solch eine Einstellung, so meinen sie, nutzt dem Image der Kirche. Sie soll einer Institution helfen, die aus eigenem Antrieb ohne zwingenden Grund ihre ureigensten Aufgaben, die Förderung des Sakralen in einer allzu profanen Welt, die nicht-rationale Sinndeutung inmitten einer von scheinbarer Rationalität beherrschten Gesellschaft, aufgegeben hat zugunsten einer vordergründigen Anpassung an tagespolitische Trends.

Heute stehen die Kirchen, allen Anbiederungsversuchen zum Trotz, im Abseits. Ein Teil ihrer Funktionen wurde vom Showsport übernommen. War früher die Kirche eine Institution, die Unterprivilegierten sozialen Aufstieg ermöglichte, so leistet heute der Sport diese Funktion – freilich nur noch in wenigen Sportarten, weil die überwiegende Rekrutierung der Hochleistungssportler aus unteren Schichten zumindest in der Bundesrepublik als ein Relikt der Vergangenheit angesehen werden muß.

Eindeutiger ist der Zusammenhang zwischen Wertvorstellungen der jeweiligen Institution und der sie umgebenden Gesellschaft. Während der Einfluß traditioneller normativer Ansprüche auf die Wertstruktur der Gesellschaft – wie

die Diskussion um das Scheidungsrecht in der Bundesrepublik und vor allem in Italien sowie die Auseinandersetzung um den Paragraphen 218 eindrucksvoll belegen – im Schwinden ist, sind die im Showsport anerkannten Wertvorstellungen wie beispielsweise Leistung und Erfolg durchaus identisch mit denen der Gesamtgesellschaft.
In der Vergangenheit eignete sich die Religionssoziologie dazu, Forschungen durchzuführen, die Aussagen über die Gesamtgesellschaft erlaubten[36]. Heute erscheint ein Ansatz, in dem das Problemfeld Freizeit – Massenmedien – Sport Untersuchungsobjekt ist, erfolgversprechender.
In diesem Zusammenhang stellt sich auch die Frage nach einer möglichen Säkularisierung des Fanatismus. Zu den kurzschlüssigen Interpretationen der Gegenwart gehört jene, nach der der Fanatiker ein Produkt einer nicht-rationalen Gesellschaftsordnung und in der derzeitigen »rationalisierten« Welt eine Ausnahme ist. Sein Verhalten gilt als ein Beispiel jenes abweichenden Verhaltens, dessen negative Sanktionen anerkannten Maßstäben zu neuer Stabilität verhilft. Findet das Bedürfnis nach fanatischer Hingabe, das von aufgeklärten Kirchen schon seit langem nicht mehr erfüllt werden kann, nach einem Zwischenspiel in totalitären Bewegungen heute seinen Ausdruck im Showsport?[37]
Die Kirche hat zu den Massenmedien bis heute keine mediengerechte Einstellung gefunden. Sie ließ, unter Verkennung jenes Trends zur Visualisierung, Männer in Schwarz jahrzehntelang während der günstigsten Sendezeit sprechen. Die Spannung, die von ihrer Lehre und ihrer Geschichte, die Faszination, die sehr wohl von ihrer Selbstdarstellung ausgehen kann, hat sie zu keiner Zeit in Bilder und Farbe umsetzen können.
Die Darstellung ihres eigenen Bereichs, nämlich die eines Rituals nach vorgegebenen Regeln und mit verteilten Rollen, wurde den Interpreten des Showsports überlassen.

Ihre Symbole einer perfekten technokratischen Dramaturgie sind:
Die Knappheit der Zeit,
die Bedeutung der Zahl,
der Rausch der Geschwindigkeit,
das Duell und die Entscheidung,
der Held und das Opfer[38].
Ihre Rollenträger sind:
Der nur begrenzt austauschbare Moderator als Star,
der austauschbare Star als Gast des Moderators,
der Experte als Alibi der Show,
der Funktionär als Interessenvertreter,
die Zuschauer als Akteure im Kommunikationssystem,
die Fans als Geräuschkulisse und als Zielgruppe der sonst fehlenden Kritik.

Fernsehen und Sport werden durch gemeinsame Strukturen verbunden, deren Bedeutung bis heute kaum analysiert worden ist. Allen Beteuerungen zum Trotz sind beide Institutionen nahezu geschichtslos im Sinne von folgenlos. Ihr Inhalt ist die Neuigkeit, die Verbesserung des Bestehenden, der Rekord. Geschichtslos sind sie auch in einem anderen Sinne. Sowohl der Showsport als auch das Fernsehen sind zu jung, um von Geschichte sprechen zu können. Die Einführung des Fernsehens in der Bundesrepublik und der Beginn des Showsports fallen in den Zeitraum 1952-1954; das Farbfernsehen wurde 1967 eingeführt.

Das Diktat der Zahl, der Uhr und der Jugend ist beiden Institutionen gemeinsam; jedoch nicht als Ergebnis einer immer wieder unterstellten Kausalbeziehung nach dem Schema: Sport ist das Produkt moderner Industriegesellschaften. Vielmehr lassen sich beide – Sport und Industriegesellschaft – auf eine dritte gemeinsame Variable zurückführen: auf das Vordringen der Objektrationalität, den Durchbruch der erfahrungswissenschaftlichen Methode im siebzehnten Jahrhundert gegenüber dem traditionellen

normativen Denken. »Diejenige Tätigkeit gewann an Wert, die meßbare Ergebnisse zeitigte«[39].
Ein Jahrhundert später wurde dann der Jugendliche »erfunden«. Zuvor gab es nur Erwachsene und Kinder, die zudem in ihrer Mehrheit niemals das Erwachsenenalter erreichten. »Der Jugendliche wurde zur gleichen Zeit erfunden wie die Dampfmaschine. Der Hauptschöpfer der letzteren war Watt im Jahre 1765, der des ersteren Rousseau im Jahre 1762. Die Gesellschaft stand, nachdem sie den Jugendlichen erfunden hatte, vor zwei großen Problemen: wie und wo soll man ihn im Sozialgebäude unterbringen, und wie soll man sein Verhalten in Übereinstimmung mit den Vorschriften des Bauplans bringen!«[40]
Schon aufgrund dieser historischen Tatsachen ist es fragwürdig, immer wieder Parallelen zwischen den alten Griechen und dem modernen Sport zu ziehen. Auch ist es zu einfach, die Zurückdrängung der Sportgeschichte – einst eine dominierende Teildisziplin – einzig mit einer allgemeinen Geschichtsmüdigkeit in der Bundesrepublik zu begründen. Zur Geschichte des Sports selbst gehört seine relative Folgenlosigkeit, seine Vergänglichkeit. Das bedeutet keineswegs eine Abwertung des Sports, nur eine andere Betrachtungsweise. Sie hindert Soziologen daran, dem Sport Funktionen zu unterstellen, die sich kaum nachweisen lassen, sie erinnern ihn an den Satz ihres Kollegen Erving Goffman: »Spiele können Spaß machen. Spaß ist der einzig akzeptable Grund, sie zu spielen«[41].

Anmerkungen

1 Daniel Bell: Die nachindustrielle Gesellschaft, Frankfurt a. M. / New York 1975 (Orig. 1973: The Coming of Post-Industrial Society. A Venture in Social Forecasting). – Alain Touraine: Die postindustrielle Gesellschaft, Frankfurt a. M. 1972 (Orig. 1969: La société post-industrielle).
2 Bell S. 13.
3 Statistisches Bundesamt. Zitiert nach Frankfurter Allgemeine Zeitung

v. 15. 8. 1977. – In einer aktuellen Studie sind Zeitungen zwangsläufig zentrale Quellen.

4 In einer Kritik an Bell analysieren Gartner und Riessman den Konsumenten einer nachindustriellen Gesellschaft als eine zentrale Produktivkraft, als eine Sozialfigur, die dazu angehalten wird, permanent unzufrieden zu sein. Sie relativieren damit die Bedeutung, die Bell dem Wissen und den Berufsgruppen, die es ausüben, einräumt. Alan Gartner / Frank Riessman: Der aktive Konsument in der Dienstleistungsgesellschaft, Frankfurt a. M. 1978.

5 Untersuchungseinheit: je 100 Arbeitnehmerhaushalte (vier Personen, mittleres Einkommen). Quelle: Die Zeit v. 15. 7. 1977.

6 Die beste Zusammenfassung der internationalen Freizeitforschung bietet die zweite Auflage des von René König herausgegebenen Handbuches der empirischen Sozialforschung: Freizeit/Konsum, Bd. 11 der Taschenbuchausgabe, Stuttgart 1977. Die Beiträge stammen von Erwin K. Scheuch und Gerhard Scherhorn.

7 Vgl. zu diesem Themenbereich Josef Hackforth: Sport im Fernsehen, Münster 1975 sowie Gerd Hortleder: Die Faszination des Fußballspiels. Soziologische Anmerkungen zum Sport als Freizeit und Beruf, Frankfurt a. M. 1974, S. 77-104. – Spezialisten seien auf weitere Arbeiten Hackforths zum Thema Massenmedien verwiesen.

8 Quellen: Veröffentlichung des Deutschen Sportbundes (DSB) und Brockhaus-Enzyklopädie. Für 1978 sind auch diejenigen Besitzer von Fernsehgeräten erfaßt, die offiziell keine Gebühren zahlen – rund eine Millionen Menschen.

9 Elisabeth Noelle-Neumann: »Macht Fernsehen träge und traurig?«, in: Frankfurter Allgemeine Zeitung v. 13. 8. 1977. Quelle: Institut für Demoskopie in Allensbach.

10 Quelle: Bernhard Schäfers: Sozialstruktur und Wandel der Bundesrepublik Deutschland, Stuttgart 1976, S. 183. Sozialleistungsquote = die Gesamtausgaben für die soziale Sicherung in v. H. des Bruttosozialprodukts.

11 Für das Verhältnis von Aktion und Präsentation im Sport sind die Arbeiten Erving Goffmans grundlegend. Vgl. hierzu: Gunter Gebauer: »Leistung« als Aktion und Präsentation, in: Sportwissenschaft 1972, Heft 2 sowie die Kritik Christian von Krockows an der Position Gebauers in: Sport. Eine Soziologie und Philosophie des Leistungsprinzips, Hamburg 1974, S. 130 ff.

12 Vgl. Hans Peter Dreitzel: Elitebegriff und Sozialstruktur, Stuttgart 1962. Zum Begriff der Prominenz – die Zugehörigkeit zu ihr wird vom Zuschauer definiert – siehe Uri Rapp: Handeln und Zuschauen, Darmstadt/Neuwied 1973.

13 Siehe Kap. III.

14 Helmut Wagner: Sport und Arbeitersport, Köln 1973 (Erstdruck Berlin 1931).

15 Ulrike Prokop: Soziologie der Olympischen Spiele. Sport und Kapitalismus, München 1971, S. 124.

16 Vgl. Bero Rigauer: Sport und Arbeit, Frankfurt 1969 sowie die Kritik von Hans Lenk in Günther Lüschen / Kurt Weis (Hrsg.): Die Soziologie des Sports, Darmstadt/Neuwied 1976, S. 155 ff.

17 Heinz Meyer: Der Hochleistungssport – Ein Phänomen des Showbusiness, in: Zeitschrift für Soziologie 1973, Heft 1.

18 Günther Lüschen: Zur Soziologie des Sports, in: Ommo Grupe (Hrsg.): Sport im Blickpunkt der Wissenschaften, Berlin, Heidelberg, New York 1972, S. 104.

19 Heine von Alemann: Der Forschungsprozeß, Stuttgart 1977, S. 70.

20 Ommo Grupe: Einleitung in die »Sportwissenschaft«, in: Sportwissenschaft 1971, Heft 1, S. 11.

21 Vgl. die Beiträge von Norbert Elias und Ian Taylor in: Eric Dunning (Hrsg.): The Sociology of Sport, London 1971. Auszüge der Arbeit Taylors liegen inzwischen auf deutsch vor: Kurt Hammerich / Klaus Heinemann (Hrsg.): Texte zur Soziologie des Sports, Schorndorf 1975 (laut Impressum; das Vorwort ist datiert: Frühjahr 1976). Im Grunde handelt es bei diesem Reader um eine Teilübersetzung des Buches von Dunning. Fünf und nicht, wie die Herausgeber angeben, vier von zwölf Beiträgen wurden bereits von Dunning zusammengestellt. Wegen der Kürzungen und der Vielzahl der Übersetzer – nahezu für jeden Text eine andere Person – ist die Lektüre des Originals vorzuziehen.

22 Vgl. hierzu die Literaturangaben und eine ausführliche Darlegung des Problems in: Hortleder 1974 sowie Literaturhinweise in: Lüschen/Weis 1976 (insbes. Heinilä 1973).

23 George Steiner: Sprache und Schweigen, Frankfurt a. M. 1969.

24 In dieser Studie konnten im Interesse einer übersichtlichen Gesamtdarstellung und mit Rücksicht auf die Satzkosten – die Veröffentlichung zahlreicher sportwissenschaftlicher Arbeiten wird entweder von halbstaatlichen Institutionen oder von einer extremen Partei subventioniert; ein Verfahren, von dessen Grenzen das vierte Kapitel der vorliegenden Arbeit handelt – nicht für alle angeführten deskriptiven Indikatoren Belege abgedruckt werden. Verwiesen sei auf folgende Quellen: Hans-Joachim Winkler: Sport und politische Bildung, Opladen 1973². Das Buch enthält einen Anhang von 92 Seiten mit umfangreichem Material über die Finanzierung des Sports in der Bundesrepublik. – Frank R. Pfetsch u. a.: Leistungssport und Gesellschaftssystem, Schorndorf 1975. – Hackforth 1975. – Karlheinz Gieseler (Hrsg.): Der Sport in der Bundesrepublik Deutschland, Bonn 1972. – Als Quelle unentbehrlich ist die Zeitschrift »leistungssport«, insbesondere für die Indikatoren 1 und 2 unter »Professionalisierung«.

25 Aleksander D. Novikov und M. Maksimenko: Soziale und ökonomische Faktoren und das Niveau sportlicher Leistungen verschiedener Länder, in: Sportwissenschaft 1972, Heft 2, S. 166. Tabelle S. 165.

26 Der Finne Seppänen gelangt von einem entgegengesetzten Ansatz

ironischerweise zu den gleichen Ergebnissen wie die sowjetischen Forscher. Ausgehend von Max Webers bahnbrechender Arbeit über die protestantische Ethik und den Geist des Kapitalismus, erklärt Seppänen die ökonomischen Bedingungen lediglich zu einer notwendigen Voraussetzung sportlicher Betätigung, ohne Garantie für deren Erfolg. Diesen leitet er aus der »ideationalen« Struktur einer Gesellschaft ab, ihrem Wertsystem. So erklärt er das relativ höhere Leistungsniveau protestantischer Länder gegenüber katholischen mit den hohen Anforderungen, die der Protestantismus an Individuen stellt bei der rationalen Beherrschung der Welt.
Es gelingt Seppänen, seine These empirisch zu belegen. Vgl. hierzu auch die Ergebnisse in Pfetsch u. a. 1975, die in die gleiche Richtung weisen. – Darüber hinaus unternimmt S. den kühnen Versuch, sozialistische Gesellschaften in sein an Religionen und Konfessionen orientiertes Schema einzubauen. Ergebnis: am erfolgreichsten sind sozialistische Gesellschaften, es folgen protestantische sowie gemischte (protestantisch/katholisch) und – mit weitem Abstand – rein katholische. Paavo Seppänen: Die Rolle des Leistungssports in den Gesellschaften der Welt, in: Sportwissenschaft 1972, Heft 2 sowie eine Kurzfassung in: Lüschen/Weis 1976.

27 Walter C. Neale: Die eigenartige Ökonomie des Profi-Sports, in: Hammerich/Heinemann 1975. Zur Kommerzialisierung vgl. auch: R. F. Furst: Social Change and the Commercialization of Professional Sports, in: International Review of Sport Sociology 1971, 6. – Neben Neales Beitrag ist als eine der originellsten Studien innerhalb der Sportwissenschaften der Versuch zu nennen, mit Hilfe der Psychoanalyse einen Zusammenhang nachzuweisen zwischen der Familien- und Wertstruktur einer Gesellschaft und der in dieser Gesellschaft vorherrschenden Nationalsportart. Die Autoren wählen Mexiko (Stierkampf) und die USA (Baseball) als Untersuchungseinheit und gelangen zumindest im Falle Mexikos zu ebenso faszinierenden wie überzeugenden Ergebnissen. Louis A. Zurcher und Arnold Meadow: Über Stierkampf und Baseball: Ein Beispiel für Verflechtungen sozialer Institutionen, in: Hammerich/Heinemann 1975.

28 Neale S. 205.

29 Neale S. 207.

30 Quellen: eigene Erhebungen. Ferner: Frankfurter Allgemeine Zeitung, Der Spiegel, Fernsehwoche/Telestar, insbes. Nr. 35/1977, S. 6. Die beiden erstgenannten Medien wurden systematisch ausgewertet.

31 Quelle: Süddeutsche Zeitung v. 13. 8. 1977.

32 Eigene Zusammenstellungen und Hochrechnungen. – »Nimmt man noch die Spiele der rund 145 000 Amateurmannschaften im DFB-Bereich, kamen in der Spielzeit 1976/77 über 60 Millionen« Zuschauer in die Stadien. Zitat aus Der Spiegel, Nr. 26/1977, S. 102.

33 Peter Bizer/Sven Simon: Die Fußballweltmeisterschaft 1974, München 1974.

34 Günther Lüschen in: Lüschen/Weis S. 10 f.

35 Hierzu grundlegend neben Georg Steiner: Sprache und Schweigen, Frankfurt a. M. 1969, Henri Lefebvre: Das Alltagsleben in der modernen Welt, Frankfurt 1972, insbes. S. 92 (Orig. La vie quotidienne dans le monde moderne, Paris 1968).

36 Vgl. die Arbeiten von Max Weber.

37 Zum Problem des Fanatismus siehe Eric Hoffer: Der Fanatiker, Reinbek 1965.

38 Vgl. Hortleder 1974, S. 55-104.

39 Henning Eichberg: Der Weg des Sports in die industrielle Zivilisation, Baden-Baden 1973, S. 163.

40 F. Musgrove: Youth and the Social Order, Bloomington, Ind., 1965, S. 33. Zitiert nach: Peter L. Berger / Brigitte Berger / Hansfried Kellner: Das Unbehagen in der Modernität, Frankfurt a. M./New York 1975, S. 167.

41 Ervin Goffman: Interaktion: Spaß am Spiel. Rollendistanz, München 1973 (Orig. Encounters, Indianapolis 1961), S. 19. Das Zitat ist nicht identisch mit dem Text der dt. Übersetzung.

II Sport als Konsum: Die Zuschauer

»So notwendig es für die Verfechter einer Soziologie des Sports auch sein mag, ihre Bemühungen ausschließlich dem Sport zu widmen, werden sie letzten Endes ihrer Aufgabe nicht gerecht werden können, wenn sie nicht wissen, in welcher Beziehung der Sport zu anderen gesellschaftlichen Manifestationen steht«.

Norbert Elias

1. Der Strukturwandel der Öffentlichkeit

Die Rolle der Zuschauer im Sport soll aus drei Perspektiven verdeutlicht werden. Ausgehend von einem bereits bekannten, hier weiterentwickelten theoretischen Ansatz ist es die Sicht des empirischen Forschers, der Vorurteile für widerlegbar hält und hierzu spärliches, wenn auch aufschlußreiches Material vorlegt, sowie die Perspektive desjenigen, für den Literatur nicht eine zweitrangige, sondern eben nur eine andere, in der Regel unterhaltsamere Form der Erkenntnisgewinnung darstellt als Wissenschaft. Nicht zu trennen ist der Prozeß ständig steigender Zuschauerzahlen bei Sportveranstaltungen und deren Übertragung im Fernsehen von einem Strukturwandel der Öffentlichkeit. Habermas unterscheidet zwischen »repräsentativer« und »bürgerlicher Öffentlichkeit«[1]. Hier wird der Begriff der »plebiszitären Öffentlichkeit«, der für die Gegenwart charakteristischen Form von Öffentlichkeit, hinzugefügt. Mit der »repräsentativen Öffentlichkeit« werden Herrschafts- und Lebensformen im Feudalismus beschrieben. Die Herrscher stellten sich gegenüber ihren Untertanen dar, diese wiederum fühlten sich dadurch geehrt. »Die bürgerliche Öffentlichkeit«, ebenso wie der Begriff »repräsentative Öffentlichkeit« eine sozialhistorische Kategorie, wurde getragen vom gebildeten, in Clubs, Salons und Medien diskutierenden Publikum. Eine nach »vernünftigen Regeln« geführte politisch-literarische Form der Diskussion im Zeitalter der Monarchie.

Die »plebiszitäre Öffentlichkeit« ist charakterisiert durch das Gesetz der großen Zahl und die vermittelnde Rolle der Massenmedien (insbesondere das Fernsehen), die die Funktion der Salons mitübernommen haben. Aktion und Präsentation werden zu zwei unterschiedlichen Handlungsebenen, die zu beherrschen Voraussetzung ist für Erfolge im Sport über einen längeren Zeitraum. Sowohl auf die Aktion (Anwesenheit im Stadion) als auch auf die Präsentation (Höhe der Einschaltquote/günstige Sendezeit) nehmen die Zuschauer Einfluß. Heute müssen Bundestag und öffentliche Gremien in ihrer Terminplanung große im Fernsehen übertragene Sportveranstaltungen berücksichtigen, wollen sie nicht vor leerem Hause tagen. Heute kehrt der Fünfte der Tour de France zurück in seine Heimatstadt und wird gefeiert, als habe er die Türken aus Wien vertrieben. Seine Eltern genießen das Privileg, den Zollbezirk des Flughafens zu betreten, um ihren Sohn eher begrüßen zu können. Besteht die Gefahr, zu einem Fernsehinterview zu spät zu kommen, wird sich – eindeutig ein Akt contra legem – ein Polizeiwagen finden, der wie weiland die Husaren ihrem Herrn dem Helden eine Gasse bahnt.

Ein Bundespräsident, der es ablehnt, auf einer Briefmarke dieses Land millionenfach zu repräsentieren, auf der einen, das junge Mädchen mit dem Bonhof-T-Shirt auf der anderen Seite – in diesem Bild ist der Übergang von einer repräsentativen zur plebiszitären Öffentlichkeit symbolisiert.

In der Vergangenheit bewunderten die Massen den Herrscher. Zu seinem Geburtstag erschienen sie persönlich, um ihm Ovationen darzubringen, Tage zur Erinnerung an seine ruhmreichen Schlachten wurden zum Fest. Heute ist der Herrscher gut beraten, die Helden des Sports rechtzeitig zu ihren Siegen zu beglückwünschen. 1975 begab sich Valérie Giscard d'Estaing auf die Champs Elysées, um seinem Landsmann Thevenet zum Sieg in der Tour de France zu gratulieren. 1977 eilte sein Konkurrent Jacques Chirac, inzwischen Bürgermeister von Paris, herbei, um erneut Thevenet zu ehren. Im selben Jahr erschien erstmals wieder die Königin von England in Wimbledon, um ihrer

Landsmännin den Pokal zu überreichen. Und schon vor Jahren bahnte sich in Italien der erste historische Kompromiß an, als der Papst die Teilnehmer des Giro d'Italia zu einer öffentlichen Audienz empfing. Zwar segnete er sie, doch gab ihr Glanz dem Heiligen Stuhl ein neues modernes Image. Die Masse feiert den Helden, auf dessen Wahl sie Einfluß hat. Er ist ein »Mann aus dem Volk«. Er hat es zu etwas gebracht durch Leistung und nicht aufgrund ererbter Rechte. Die Masse feiert im Helden letztlich sich selbst. Sie steuert die Produktion von Helden mit – via Besucherzahlen in den Stadien und über Einschaltquoten an den Fernsehgeräten. Sie wird, so behaupten ihre Kritiker, gesteuert. Angesichts der sozialen Zusammensetzung von Zuschauern bei Sportveranstaltungen ist dies zumindest eine kühne These. Sie zu differenzieren ist Ziel des folgenden Abschnitts über das Handeln von Massen in der Gegenwart. Der zweite Teil des Kapitels stellt eine in sich geschlossene Studie dar, die sich in Diktion und Intention von dem bisherigen Text zwangsläufig unterscheidet, geht es doch darum, die Kategorien Canettis auch Wissenschaftlern und Studenten zugänglich zu machen.

Der Strukturwandel der Öffentlichkeit vollzieht sich auf drei Ebenen. Einmal handelt es sich um den Wandel ihrer quantitativen und qualitativen Substanz, um den Austausch ihrer sozialen Träger. Aus der kleinen Elite der repräsentativen Öffentlichkeit werden nach einer Übergangszeit der Vermittlung durch die bürgerliche Öffentlichkeit Volk und Öffentlichkeit identisch, zumindest ihrem Anspruch nach in der plebiszitären Öffentlichkeit. Fast gleichzeitig mit dem Austausch ihrer sozialen Träger verändern sich auch die Kommunikationsformen, mit denen Öffentlichkeit hergestellt wird. Die Vorherrschaft des Bildes gegenüber dem Wort ist die notwendige strukturelle Voraussetzung einer neuen erweiterten Öffentlichkeit, Voraussetzung für die Internationalisierung und Visualisierung des Sports: um die Botschaft der Medien Radio, Fernsehen und Film zu verstehen, braucht niemand des Lesens und Schreibens kundig zu sein. Und in der Tat sind heute Millionen von Menschen, die fernsehen, Analphabeten. Zwei Millionen von ihnen allein wohnen in Großbritannien. Die Mehrheit von ihnen lebt in der Dritten Welt. Sie ist keineswegs zu bedauern, beurteilt vom Wertsystem abendländischer Hochkulturen. Vielmehr kommt es in den Ländern der Dritten Welt zu einer Symbiose von überlieferter Mentalität und moderner Technik. »Im geschichtlichen Zusammentreffen zwischen dem Auftauchen bisher analphabetischer Völker und der gleichzeitigen Ausweitung graphischer Massenmedien liegt eine tiefe Logik. Den Neu-Alphabeten mit ihrer angeboren natürlichen Überlieferung mündlicher und bildhafter Mitteilung werden die durch Radio, Fernsehen oder Film vermittelten Meinungs- und Gefühlsschablonen weit mehr an Unmittelbarkeit und Bedeutung geben, als das stumme Buch. Der westliche Leser aus dem Mittelstand ... steht hinter den Bedürfnissen, der Begabung und dem kulturellen Erbe des neuen Publikums aus Asien und Afrika weit zurück«[2].

Drittens schließlich, und dies ist der jüngste Trend, wandelt sich das Wertsystem, nach dessen Kriterien Kultur und Unterhaltung beurteilt werden. Wissenschaftler haben den Alltag als Objekt ihrer Untersuchungen entdeckt, sie beginnen nachzudenken über Sinn, Zweck und Funktion einer Trennung in *Reservatkultur* einerseits und *Alltagskultur* auf der anderen Seite. Die Institutionen der Reservatkultur – die Museen, Theater, Opernhäuser, Konzerthallen und ein Teil der Bibliotheken – empfangen ein soziologisch eingrenzbares Publikum, dessen Genüsse von einer abwesenden Mehrheit finanziert werden.

Setzt man die folgenden Zahlen (Übersicht 6) in Relation zur Entwicklung des Gesamtetats der Bundesrepublik Deutschland, so haben sich die Ausgaben unserer Gesellschaft für ihre Theater relativ sogar leicht verringert. Hingegen ist die Zuschauerzahl gesunken.

Übersicht 5: Besucher pro Jahr in Museen, Theatern, Filmen und den beiden Fußballbundesligen (Bundesrepublik)[3]

	Museen	Theater	Film	Fußball
1960	10,3	19,9	605	— Millionen
1970	13,9	17,6	167	ca. 6,3 Millionen
1974/ 1975	17,4	17,4	136	ca. 11,0 Millionen

Übersicht 6: Ausgaben und Subventionen der öffentlichen Theater in der Bundesrepublik[4]

	Ausgaben in Mill. DM	Subvention in Mill. DM	Subventionsanteil an den Ausgaben
1949	102,8	63,3	61,5%
1957	254,4	152,7	60,0%
1966	553,2	384,1	69,4%
1972	859,9	716,7	83,3%
1974	1124,1	924,4	82,2%

Übersicht 7: Anzahl der Besucher in den Theatern der Bundesrepublik[5]

1949	11,0 Mio.
1957-1967	20,0 Mio.
seit 1973	17,0 Mio.

Nach der ersten Stabilitätsphase (1957-1967) und nach der Phase der Krise (1967-1973) scheint sich die Zahl der Besucher jetzt (1973-1976) bei rund 17,0 Mio. einzupendeln. Es ist den Theatern also nicht gelungen, ihr Zuschauerreservoir quantitativ zu erweitern; andererseits ist das Theater auch keineswegs, wie von zahlreichen Kritikern prohphezeit, in eine tiefgreifende Krise geraten. Es ist das geblieben, was es immer war: primär das Medium einer kulturellen Elite.

Übersicht 8: Subventionen in der Bundesrepublik für Kultur und Unterhaltung[6]

Theater	616 Mio.
Oper	615 Mio.
Denkmalpflege	253 Mio.
Bibliotheken	100 Mio.
Film	10 Mio.
Fußball	ca. 5 Mio.

In einer Zeit, in der Geld und Profit die einzigen verbindlichen Maßstäbe einer in ihrem Wertsystem erschütterten Gesellschaftsordnung sind, gerieten die Theater – hier stellvertretend untersucht für die Medien der Reservatkultur – in einen Legitimitätsdruck. Kosten-Nutzen-Analysen blieben auch ihnen nicht erspart. Neue Gelder waren ihnen nur sicher, wenn sie mit erhöhten Besucherzahlen aufwarten konnten. »Daraus folgt Opportunismus dem Besucher gegenüber, kurz der *Populismus* ... Es regiert der Mythos der großen Zahl. Daß so die *gesellschaftliche* Relevanz von kulturellen Institutionen *mit dem Besucherumsatz verwechselt* wird, ist eine der für die Kulturpolitik folgenschwersten Entwicklungen der Nachkriegszeit«[7].
Freizeitpolitisch und bildungspolitisch läßt sich im Sinne der Populisten trefflich argumentieren. Sitzen die orientierungslosen Bürger erst einmal im Theater, dann löst sich das Freizeitproblem von selbst. Und gleichzeitig werden wir ein Volk der Dichter und Denker, wenn nur alle kämen, die theoretisch kommen könnten. Ob sie es tatsächlich wollen, danach hat die Bürger niemand gefragt. Und die Ergebnisse des amerikanischen Kinderpsychologen Robert Coles übergehen Kulturpolitiker mit Eifer: eine Funktionalisierung der Kultur stößt dort auf Grenzen, wo sie ihre Ursachen aus den Augen verliert; kulturelle Armut als Folge ökonomischer Armut, eine kulturelle Deprivation. Kunst ist, so das Ergebnis, für sozial-therapeutische Zwecke unbrauchbar. Das ist kein Argument

gegen die Kunst. Nach einem erweiterten politischen Kulturbegriff ist »Kultur überall dort . . ., wo Menschen sich aufhalten, und nicht nur dort, wo sie sich sonn- und feiertags in Robe und Krawatte herumtreiben«[8].
Stadt- und Kommunikationsplanung werden auf diese Weise zu einem Bestandteil der Kultur und damit der Kulturpolitik, Unterhaltung in Kinos und Stadien wird dadurch nicht »wertvoller« gegenüber Museen und Theatern, sie erhält nur einen neuen anderen Stellenwert und wird damit zum Objekt einer umfassenden Kulturpolitik. Die Anhänger einer populistischen Theorie der Kultur sehen in dieser Politik einen Prozeß, den Stefan Zweig bereits 1925 als Monotonisierung der Welt angeprangert hat. Beispielhaft nannte er die Entwicklung des Tanzes, der Mode, des Kinos und des Radios. Gemessen an den Fragen, denen Menschen heute gegenüberstehen, sind aus Zweigs Beispielen bestenfalls Randprobleme geworden[9].

2. Zur Soziologie der Massen

a) Sportkonsum und soziale Schichtung

Obwohl die Zuschauer im Stadion, auf dem Hippodrom und an der Rennstrecke sowie jene vor den Bildschirmen entscheidend sind für die Entstehung und Weiterentwicklung des Showsports, werden sie in wissenschaftlichen Untersuchungen bislang kaum beachtet. Nach Günther Lüschen entscheiden »über einen Spielausgang beim Fußball drei Faktorengruppen: 1. Das Können der einzelnen Spieler; 2. Die Taktik einer Mannschaft, einzelner Spieler oder Spielergruppen; 3. Die Strategie in der Globalplanung eines Spieles«. Die Zuschauer werden also nicht einmal erwähnt, ein Sportspiel wird analysiert als eine gleichsam nicht-öffentliche Veranstaltung[10].

Den professionellen Sportwissenschaftlern sind die Zuschauer bis heute suspekt geblieben, setzen sie doch Sport mit Sporttreiben gleich, fehlt es ihnen doch an Indikatoren und theoretischen Ansätzen zur Erfassung jener vermeintlichen Passiven. Sozialwissenschaftler wiederum griffen zu Kategorien der Kulturkritik. Und so entstand das negative Bild des trunkenen, aggressiven, konsumierenden Zuschauers, von Massenmedien millionenfach reproduziert, der im Sport Ausgleich sucht für die Entbehrungen der Arbeitswelt. Womit auch die Schichtzugehörigkeit der Zuschauer schnell geklärt zu sein schien; wo sollten sie, die dummen, denn sonst herkommen, wenn nicht aus der Unterschicht? » So läßt es sich durch Projektion der eigenen Spielbedürfnisse . . . erklären, daß das Proletariat am Wochenende zum Fußballplatz geht und Millionäre alimentiert«[11].

Hier zunächst die für die Bundesrepublik gültigen Zahlen.

Danach gehen an einem Wochenende jeweils mehr als 200 000 Menschen ins Stadion zu den jeweils neun Heimspielen der ersten Bundesliga. In der Saison 1976/77 waren es insgesamt über sieben Millionen. Die Zahl der Fernsehzuschauer, die einen Teil dieser Spiele in Ausschnitten verfolgen, beträgt pro Samstag rund 6,5 Millionen, im Jahr rund 220 Millionen Menschen[12]. Sport als Zuschauersport ist also unter quantitativen Gesichtspunkten vor allem der im Fernsehen konsumierte Sport.
Überraschend sind die übereinstimmenden Ergebnisse empirischer Untersuchungen aus den Vereinigten Staaten und der Bundesrepublik Deutschland. Danach sind gerade Angehörige der Unterschicht vom Sportkonsum ausgeschlossen. Sie sind sowohl im Hochleistungssport als auch im Freizeitsport eindeutig unterrepräsentiert – wie noch zu zeigen sein wird. Diese *Disparität* findet *im Sportkonsum* ihre Fortsetzung. 36% aller Volksschüler ohne Lehre, also die soziale Kategorie der ungelernten Arbeiter, in der

Tabelle 2: Häufigkeit des Sportkonsums[13]

	nie	selten manchmal öfter	oft sehr oft	keine Antwort
Insgesamt	23	48	27	2
Männer	7	48	43	1
Frauen	37	47	13	3
Arbeiter	10	46	42	1
Angestellte		53	28	1
Beamte	14	53	32	1
selbständige freie Berufe	19	57	23	1
Rentner	37	39	21	4
Hausfrauen		45	13	2
Volksschule ohne Lehre	36	42	19	2
Volksschule mit Lehre	18	48	32	2
Mittlere Reife u. ä.	18	55	25	2
Abitur, Hochschule, Universität	24	54	20	2

Bundesrepublik konsumieren »nie« Sport gegenüber 18% der Volksschüler mit Lehre und den Absolventen der Mittleren Reife sowie gegenüber 23% der Gesamtbevölkerung. Im Sportkonsum unterrepräsentiert sind Angehörige der untersten sozialen Schicht, zu der die Mehrheit der Arbeiter in der Bundesrepublik keineswegs mehr zählt. Arbeiter konsumieren ebenso wie die Beamten mehr Sport als der statistische Durchschnittsbürger der Bundesrepublik.

Tabelle 3: Sozio-ökonomische Unterschiede in der Häufigkeit von Sportkonversation

	Sozio-ökonomische Schicht			
	Ober in %	Mittel in %	Unter in %	Total in %
selten, fast nie, nie	10,4	17,5	31,6	19,8
manchmal	33,3	32,8	21,1	29,0
häufig	32,3	27,3	24,2	27,9
sehr häufig	24,0	22,4	23,2	23,2
Total	100	100	100,1	99,9
(n =)	(192)	(183)	(190)	(565)

Diese Fakten bestätigen die Ergebnisse einer wenige Jahre zuvor durchgeführten Untersuchung durch Gregory P. Stone in den Vereinigten Staaten. Mit Hilfe von 556 Interviews, erstellt in der Metropole von Minneapolis, kommt der Autor zu folgendem Ergebnis[14]:

Nahezu jeder dritte Angehörige der Unterschicht unterhält sich nie oder selten über Sport, während dies nur für jeden zehnten der Oberschicht und jeden sechsten der Mittelschicht gilt. Stone hat hier die für einen Soziologen wenig ergiebige Frage nach der Häufigkeit des Sportkonsums operationalisiert und ist auf die sozialen Folgen des Handelns eingegangen: Konversationswissen als Zugang unter Fremden innerhalb einer modernen Großstadt, lautet jetzt der Indikator. Ergänzt man ihn durch die Indikatoren

»Integration innerhalb der Nachbarschaft« und »Gefühl der Stadtteilzugehörigkeit«, dann ergibt sich eine Revision jenes unterstellten, wenn auch empirisch keineswegs belegten Bildes von der Integrationskraft des modernen Sports über den Rahmen des Stadions hinaus.

Auszugehen ist bei dieser Analyse von einer »generelle(n) Entfremdung« der Unterschicht, die sozio-ökonomisch bedingt und viel zu stark ist, als daß sie durch den gelegentlichen Besuch von Sportveranstaltungen aufgehoben werden könnte. Ferner wird die Polarisierung der Geschlechter innerhalb der Unterschicht durch Sport verstärkt. Sport gilt als eine Welt der Männer, zu der Frauen – häufig gegen ihren Willen – nur ungern Zugang gestattet wird. Im Jahre 1972 haben 80% der Frauen, hingegen nur knapp 40% der Männer, keine Sportveranstaltung in der Bundesrepublik besucht. Diese in der Unterschicht verstärkt festzustellenden Fakten lassen sich sowohl als ein Prozeß fortschreitender Polarisierung als auch als ein Prozeß der Differenzierung und damit als ein Schritt zu weitergehender Autonomie im Rollenverhalten der Geschlechter interpretieren.

Ungeachtet der Gültigkeit der Disparitätsthese auch im Sportkonsum gibt es Sportarten, in denen Zuschauer aus der Unterschicht eindeutig überrepräsentiert sind. Das Fußballspiel gehört entgegen einem weitverbreiteten Vorurteil nicht zu diesen Sportarten. Gerade zum Stammpublikum in der Bundesliga gehören überdurchschnittlich viele ledige junge Männer mit höherem Einkommen[16]. Ein Blick auf die Eintrittspreise läßt diese Ergebnisse plausibel erscheinen.

Gregory P. Stone konnte in einer weiteren in den USA durchgeführten empirischen Untersuchung zeigen, daß das Publikum beim Ringen sich vor allem aus Erwachsenen mit einem hohen Anteil älterer Frauen und mit niedrigem sozialen Status zusammensetzt. Ringen ist in den USA die professionelle Sportart mit den meisten Zuschauern, deren

Zahl von 1952 bis 1959 von 15 Mio. auf 24 Mio. gestiegen ist und damit Baseball, Basketball und Pferderennen hinter sich gelassen hat. Wie die meisten Sportarten wieder eingeführt als Vergnügen der Oberschicht, überließ sie sehr bald diese Sportart »dem Volk«. Das Fußballspiel in Großbritannien hat sich ebenso wie Fußball in Brasilien und Baseball in den USA in vergleichbarer Weise entwickelt. Die eindeutige Darbietung roher Gewalt, die unmißverständliche Trennung in Gut und Böse und das Nicht-In-Frage-Stellen eines offenkundigen Schwindels sind die Voraussetzungen dieser Konstellation im Ringen. Sie geben zugleich *eine* Erklärung für die Zurückhaltung der Unterschicht auch im Sportkonsum. Je differenzierter das Ritual und je komplizierter die Regeln werden, desto schwerer sind sie Angehörigen der Unterschicht verständlich. Die geschichts- und symbolträchtigen Olympischen Spiele sind nicht zu Unrecht als Selbstdarstellung einer sich nach Mythen sehnenden Mittelschicht beschrieben worden[17]. Angehörige der Mittel- und Oberschicht hingegen vermuten Inszenierungen selbst dort, wo keine stattfinden. »Warum machen die so etwas um diese Tageszeit?«, fragte indigniert eine Dame aus der Mittelschicht, die sich durch eine Sonnenfinsternis gestört fühlte.

*b) Probleme einer Soziologie der Massen**

Bis in die dreißiger Jahre hinein spielten sozialwissenschaftliche Analysen der Masse in Deutschland und Europa eine zentrale Rolle. Gustave Le Bon, Karl Marx und

* Der folgende Text (bis zum Abschluß des Kapitels II) ist zunächst in dem von Hans Lenk im Wilhelm Fink Verlag herausgegebenen Buch »Handlungstheorien – interdisziplinär«, München 1977, Bd. 4, abgedruckt worden. Die Studie war von Anfang an für beide Bücher konzipiert und wurde 1975 in Berlin und Paris geschrieben. Sie gibt zugleich eine Antwort auf die häufige Frage nach dem italienischen Fußballstar, dem mein Buch »Die Faszination des Fußballspiels« gewidmet zu sein schien.

Sigmund Freud, Ortega y Gasset und Werner Sombart, Theodor Geiger und Leopold von Wiese haben das Thema ausführlich diskutiert. Die psychologische Masse ist nach Le Bon ein Ausnahmezustand, in dem die nicht mehr von ihrem Willen geleiteten Individuen zu »unbewußten Automaten« werden[18]. Marx und Engels haben als erste die Rolle der Massen als Agitatoren in der Geschichte erkannt. Auch für sie ist Masse-Sein ein Prozeß der Entindividualisierung, den sie Entfremdung nennen, und ein – im Gegensatz zu Le Bon – notwendiger, *historisch begrenzter Ausnahmezustand,* der durch eine soziale Revolution aufgehoben werden wird[19]. Pessimistischer hat Ortega, letztlich ein Elitetheoretiker und wie Le Bon ein erbitterter Gegner der Massen, das Masse-Sein als unaufhebbaren *Dauerzustand* beschrieben[20], während Freud in der Kirche und im Heer typische Massenbildungen zu erkennen glaubte[21].
In der Nachkriegszeit haben David Riesman und Mitarbeiter die Diskussion in eine neue Richtung geführt mit ihrem Versuch, *konformes Verhalten* als ein historisches, für die amerikanische Gegenwart typisches Massenverhalten zu analysieren; sie sprechen von »außengeleitetem« im Gegensatz zu »innengeleitetem« Handeln[22]. Eine Soziologie der Masse im traditionellen Sinne gibt es heute kaum noch. Unter den Rubriken »kollektives Verhalten«, »Verhalten größerer Gruppen«, »Mode«, »Publikum«, »Massenmedien« und »Massengesellschaft« finden sich Ansätze zu unserem Thema. Die Differenzierung der Forschungsansätze ist das Ergebnis sowohl methodischer als auch ideologischer Kritik sowie die Antwort auf veränderte Problemstellungen wie die Rolle des Bevölkerungswachstums und die der Massenmedien. Im wachsenden Methodenbewußtsein liegt zugleich die Gefahr verborgen, sich von dem Problem zu entfernen, das es zu analysieren gilt: Massen, erst einmal den Experten zur Spezialuntersuchung überlassen, erscheinen plötzlich nicht mehr als Masse,

sondern als kleinere, überschaubare Einheiten. Dieses Dilemma kann man erkennen, wenn auch kaum lösen. Es sei denn mit Hilfe jener sich selbst genügenden Terminologie, auf die Max Horkheimer verwiesen hat: »Durch die wissenschaftliche Einordnung wird der Schrecken über das Faktum gewissermaßen als unangebracht hingestellt ... Ebenso beruhigen sich manche Menschen bei der Feststellung des Übels überhaupt durch den Besitz einer Theorie, in der es aufgeht«[23].

Massenhandeln ist in der Tat ein Faktum, das zuweilen Schrecken erweckt. Empirisch ist es schwerer zu erfassen als beispielsweise Handeln in kleinen Gruppen. Dem Forscher in der Kleingruppensoziologie erlaubt die Methode der teilnehmenden Beobachtung aufschlußreiche Soziogramme. Die Gruppe bleibt zudem meist konstant, und, selbst wenn ihre Zusammensetzung sich ändert, ist ein solcher Schritt empirisch nachvollziehbar. Die Zusammensetzung einer Masse hingegen bleibt selten konstant. Sie ändert sich von Demonstration zu Demonstration, im Stadion von Spiel zu Spiel und auf einer Flucht – selbst während dieser Massenbewegung. Auch können nicht im nachhinein 2000 Individuen als repräsentative Stichprobe stellvertretend für die Masse von 15 000 Demonstranten, von 80 000 Zuschauern, von Millionen Flüchtlingen befragt werden. Denn für die Masse im Stadion beispielsweise ist es charakteristisch, daß aus der Mehrheit der 80 000 Individuen eine Einheit auf Zeit, eben die Masse, geworden ist, die man geschlossen wiederum nicht befragen kann. Wer die in kleinen Gruppen mögliche und bewährte Methode der distanzierten teilnehmenden Beobachtung auch für die Untersuchung von Massenphänomenen fordert, hat in den meisten Fällen noch nie an einer Massenveranstaltung teilgenommen. Erinnert sei an jene politische Großveranstaltung vor vollbesetzten Rängen, in der der Redner emphatisch ausruft: »Die Vermassung ist an allem schuld«

und hierfür orkanartigen Applaus erhält[24]. Es gehört zum Charakteristikum der Masse, daß man ihr als Individuum niemals vollständig entkommen kann[25], – und zu dem der meisten Massentheoretiker, diese Tatsache weder sich selbst noch ihren Lesern einzugestehen. Darauf beruht ihr Erfolg. Masse sind immer die anderen.

Massenhandeln ist *eine* Form sozialen Verhaltens in der Gegenwart, das sich unterscheidet sowohl vom Handeln in kleinen Gruppen als auch vom Alltagshandeln[26].

Im folgenden sollen die von Elias Canetti entwickelten *Ansätze* einer Theorie des Massenhandelns[27], die innerhalb der Sozialwissenschaften bisher weitgehend unbeachtet geblieben sind, zunächst kurz dargestellt und anschließend in eine Interpretation studentischer Demonstrationen sowie eine Darstellung des Zuschauerverhaltens in Fußballstadien einbezogen werden. Es geht dabei nicht so sehr um die Herausarbeitung unbekannter Fakten als vielmehr um das Aufzeigen neuer Perspektiven zur Interpretation eines gemeinhin als bekannt geltenden Sachverhalts. Interdisziplinäre Aspekte dieses Textes ergeben sich nicht nur aus der Konfrontation von Alltagshandeln, Literatur und Wissenschaft; sie liegen zuerst und vor allem – wie noch zu zeigen sein wird – im Werk Canettis selbst begründet.

Bis etwa 1960 war der heute in London und Zürich lebende Autor lediglich Literaturexperten bekannt. Inzwischen sind öffentliche Lesungen Canettis selbst »Massenveranstaltungen«. Daß unserer Disziplin eine Konfrontation mit den Gedanken und Kategorien Canettis und der Kraft, sie zu artikulieren, nur guttun kann, wird auf geradezu schmerzliche Weise deutlich bei einem Vergleich zwischen *Masse und Macht* und einem repräsentativen Sammelband unter dem anspruchsvollen Titel *Theorien kollektiven Verhaltens*[28].

Die Herausgeber führen kollektive Aktionen auf den Gegensatz von Arbeit und Kapital zurück mit dem erklärten

Ziel, »unterprivilegierten Gruppen den Weg vor(zuzeichnen), selbsttätig ihre Probleme zu lösen, sich von ihren Zwängen zu befreien und im Kampf um ihre Interessen Identität und Selbstgefühl zu finden«[28]. Bereits privilegierte Gruppen haben es jedoch schwer, den Herausgebern sprachlich und damit gedanklich in ihrem nicht näher begründeten »theoretischen Ansatz« zu folgen: »Das Individuum kann durch Lernprozesse ein Interpretationsgerüst für potentielle frustrierende Situationen aufrichten, das (!) nun die Auswahl aus dem Reaktionsrepertoire bestimmen hilft[29]«. An anderer Stelle werden Teilprozesse zu Subjekten, und kollektive Ereignisse machen gar Karriere[30]. Insgesamt ist die Einleitung der Herausgeber ein weiteres Indiz für den miserablen Zustand in Teilbereichen unserer Disziplin Soziologie; die aus dem Amerikanischen übersetzten Beiträge sind zumindest informativ. Theoretischen Ansprüchen, wie es der Titel verheißt, genügen sie nur in Ausnahmefällen. Er wird von den meisten Autoren auch gar nicht erhoben, sondern ist erst nachträglich von den Herausgebern als werbewirksames Etikett hinzugefügt worden[31].

Auffallend ist der nach wie vor starke Einfluß Le Bons in mehreren Beiträgen. Zwar gehört es heute zum guten Ton, sich erst einmal gebührend von ihm und seinen Einseitigkeiten abzusetzen, um sie sodann selbst in den eigenen Ansatz einfließen zu lassen. Kollektives Verhalten wird hier meist – wie schon bei Le Bon die Masse – als Ausnahmezustand analysiert, als »soziale Unruhe«, »Revolte«, »Klassenkampf«, »Demonstration«, »Gewalt« und »Rassenrevolte«. Selbst Couch, der davor warnt, die »›abnormen‹ Dimensionen des Massenverhaltens« immer wieder herauszustellen, und »die agierende Masse als ein soziales System« definiert, das sich zwar von anderen sozialen Systemen unterscheide, jedoch »nicht mehr und nicht weniger pathologisch oder bizarr als andere Systeme«[32] sei, erliegt dieser Gefahr. Er sieht Menschenmassen nur im Zusammenhang mit »untragbaren Situationen«. In diesem Kontext sind *Festmassen* von Bedeutung, wenn sie uns auch daran erinnern, daß die Unfähigkeit zu feiern erst ein Ergebnis der jüngsten historischen Entwicklung ist, die mit der Unfähigkeit zu trauern in einem denkwürdigen Zusammenhang steht.

Diese eindimensionale Betrachtungsweise kollektiven Verhaltens spiegelt sich noch in der Terminologie wider. Smelser spricht in seiner grundlegenden Arbeit konsequenterweise meist von einem »feindseligen Ausbruch« anstelle von »Masse«[33]. Als notwendige Determinanten eines solchen Ausbruchs gelten für ihn:

1. günstige Strukturbedingungen,
2. strukturelle Spannungen,
3. eine verallgemeinerte feindselige Überzeugung,
4. beschleunigende Faktoren,
5. Mobilisierung zum Handeln und
6. besondere Reaktionen der Agenten sozialer Kontrolle.

Damit ist der bisher weitestgehende systematische sozialwissenschaftliche Ansatz einer Theorie kollektiven Verhaltens knapp umrissen. Was Smelser als vorübergehende Phänomene deutet, versucht Kornhauser als bestimmendes gesellschaftliches Strukturprinzip zu interpretieren[34]. Die von ihm als Idealtypus entworfene »Massengesellschaft« ist demnach in Krisenzeiten nicht in der Lage, alle sozialen Klassen und Gruppen zu integrieren, weil die hierfür vorgesehenen intermediären Gruppen – Strukturmerkmal einer »pluralistischen Gesellschaft« – an Einfluß verlieren. Kornhauser sieht in dieser Tendenz Chancen für totalitäre Bewegungen. Sein Kritiker Maurice Pinard argumentiert, die Analyse Kornhausers sei durchaus zutreffend – in normalen Zeiten. In Krisenzeiten hingegen herrsche verstärkte Kommunikation gerade unter denen, die Kornhauser als atomisierte Individuen bezeichnet[35].

Angesichts des vorliegenden Erkenntnisstandes, der sich vor allem durch eine Fülle sorgfältiger Detailstudien auszeichnet, ist es schon verwunderlich, daß Canetti in dem Sammelband »Theorien kollektiven Verhaltens« meines Wissens nicht einmal erwähnt wird.

c) Canettis Methode und Kategorien

Die Methode Canettis entzieht sich allen geläufigen Versuchen einer Einordnung. Sie ist strukturalistisch und zugleich historisch, phänomenologisch und doch – wegen der Fülle des verarbeiteten Materials, der Vielzahl einleuchtender Beispiele – zugleich empirisch im Sinne von Erfahrung und Wissen, nicht in dem beeindruckender Zahlenspiele. Zu seiner Methode gehört auch Unvoreingenommenheit gegenüber allem bisher Gedachten[36]. »Wer etwas wirklich Neues finden will, muß sich vor allem vor jeder Untersuchungsmethode hüten. Er mag sich später, wenn er etwas gefunden hat, dazu gedrängt fühlen, seine Untersuchungsmethoden nachträglich zu bestimmen. Aber das ist eine taktische Frage, besonders wenn es sich darum handelt, seinen Funden schon zu Lebzeiten Anerkennung zu verschaffen«[37].
Auf die heute so beliebte Frage nach den Ursachen aller Dinge wüßte Canetti keine umfassende Antwort. Für ihn gibt es einen unerklärlichen Rest, der den Dichtern verschlossen ist – und der Wissenschaft erst recht. Canettis Theorie beruht auf einer phänomenologischen Interpretation des Verhältnisses von Masse und Macht. Sein Material entnimmt er der Anthropologie und der Psychiatrie, der Ethnologie und der Geschichte, hier vor allem prähistorischen Mythen und Riten. Wiewohl vertraut mit Detailkenntnissen aus unterschiedlichen Kulturbereichen – insbesondere Afrikas und Chinas – analysiert er das Problem

von Masse und Macht, wie wir heute sagen würden, »strukturalistisch« als eine, wenn nicht die entscheidende, konstante Interdependenz im menschlichen Zusammenleben.
»Die Masse ist sich überall gleich; in den verschiedensten Zeitaltern und Kulturen, unter Menschen aller Herkunft, Sprache und Erziehung ist sie im wesentlichen dieselbe« (83). Zusammengehalten wird sie, weil sie ein gemeinsames Ziel hat wie die *Festmassen* (55 f.) oder weil sie wie die *Fluchtmassen* (54 ff.) gemeinsam flieht, vor allem jedoch, weil es ihr Ziel ist, ständig wachsen zu wollen. Sie war – und in diesem Punkt unterscheidet sich Canetti fundamental von den zahlreichen Kulturkritikern unter den »Massentheoretikern« – weder in der Vergangenheit noch heute besonders leicht zu manipulieren, eben nicht »knetbar«, wie der griechische Ursprung des Wortes es nahelegt. In ihren vielfältigen Ausprägungen – neben *offenen und geschlossenen Massen* charakterisiert Canetti *Hetzmassen, Fluchtmassen, Verbotsmassen, Umkehrungsmassen, Festmassen,* ferner *Doppelmassen, Massenkristalle und -symbole* sowie *unsichtbare Massen* – stellt sie vielmehr eine ständige Herausforderung an den Machthaber dar, der sich seinerseits nie sicher fühlt.
Hier nimmt Canetti eines der großen Themen aktueller Diskussion auf, die Frage nach der Legitimität von Herrschaft. Daß auch der Machthaber abhängig ist von den Massen – Canetti zeigt dies unter anderem an den Riten, die in Afrika zur Übernahme oder zum Verlust von Macht führen –, gibt auch den Massen Würde. Gegen Macht kann man sich – und sei es durch die Flucht – wehren. Der Tod hingegen ist endgültig, unwürdig für den Menschen. Ihm gilt Canettis Kampf. Leidenschaftlich vertritt er in einem Disput mit Joachim Schickel die These, es sei sehr wohl entscheidend, ob man mit 70 oder mit 200 Jahren sterbe. »Es geht vielleicht darum, daß Menschen dann sterben

können, wenn sie wollen und nicht, wenn sie müssen«[38]. Canetti erinnert an Zeiten, in denen jeder Tod noch als Mord galt, in denen der Tod eines einzelnen für die gesamte ihm bekannte Umgebung noch als Verlust empfunden wurde. Die historisch neue, mit Unterstützung der Religionen vermittelte Gewöhnung an den Tod als etwas »Natürliches« betrachtet Canetti, wenn ich ihn richtig verstanden habe, als die wirkliche Barbarei unserer Zeit. Die Frage nach der möglichen Abschaffung von Herrschaft hingegen ist für ihn eine Scheinfrage: Macht ist eine Konstante. Der Tod, in unserem Kulturbereich weitgehend tabuisiert, bedeutet weniger sterben als ein *Überleben* des anderen, das unter der Oberfläche ritualisierter Trauer Genugtuung bietet. Überlebenwollen ist eine Leidenschaft, die vielleicht gefährlichste Leidenschaft des Machthabers. Auch der Krieg ist Massenhandeln und zugleich der Versuch, »dem Tod zuvor(zu)kommen« (79). Neben Männern und Frauen, neben Lebenden und Toten ist der Krieg die dritte Form der Doppelmasse (66 ff.), einer Masse aus zwei Teilen, die aufeinander angewiesen sind. Außer den Toten rechnet Canetti die Ungeborenen zu den *unsichtbaren Massen* (41 ff.). Eine der »auffallendsten Erscheinungen ... unserer Zeit ist die Verquickung des Gefühls des Nationalismus mit dem des Sozialismus ... die Masse der Toten ist das Kerngefühl im Nationalismus, die Masse der Nachgeborenen im Sozialismus«[39].

Die spezifische Methode Canettis, sich primär auf die symbolische Struktur sozialer Phänomene zu konzentrieren, wird in diesen Beispielen deutlich. Danach sind auch unsichtbare Massen *reale Massen*, die auf menschliches Handeln einwirken.

d) Massenhandeln I: Demonstrationen

Demonstrationen innerhalb des letzten Jahrzehnts in der Bundesrepublik Deutschland sind hierzulande interpretiert worden als ein Akt politischer Willensäußerung im Rahmen des Grundgesetzes, ferner als ein Versuch, bestehende Gesetze vorsätzlich zu verletzen, als ein Mittel studentischer Rebellion speziell, später ganz allgemein der Jugendrebellion, ferner und nicht zuletzt als eine Form des Happenings, der Fortsetzung der Politik mit komischen Mitteln. Im Mittelpunkt der Interpretation stand häufig die Suche nach den vermeintlichen Motiven der Demonstranten und eine Kritik an Versuchen der Obrigkeit, die Ereignisse unter Kontrolle zu halten. Der Demonstration selbst wurde nur geringe Aufmerksamkeit geschenkt, ihr Charakter als Massenphänomen entweder nicht gesehen oder keiner Analyse für wert befunden. Gerade Demonstranten hatten kein Interesse an einer Interpretation dieser Art. Verstanden sie sich doch in der ersten Phase (1966-1968) als antiautoritäre Rebellen, die sich gerade gegen ein Phänomen der Vermassung – eine überfüllte, ihren Funktionen nur noch teilweise genügende Universität – richtete. In einer zweiten Phase, als die Kaderbildung Früchte getragen hatte und Demonstrationen von straff organisierten politischen Fraktionen organisiert wurden, verstand sich der Kern der Demonstranten als Klasse, als Teil der Klasse der werktägigen Bevölkerung, als Avantgarde des politischen Fortschritts.

Objektiv hingegen waren die Demonstrationen des letzten Jahrzehnts in der Bundesrepublik auch und vor allem ein Massenphänomen. Die von Canetti der Masse zugeschriebenen Eigenschaften bieten eine Erklärung für die Faszination, die sie in der konkreten historischen Situation auf einzelne auszuüben vermochte. »Innerhalb der Masse herrscht Gleichheit ... Die Masse liebt Dichte ... Die

Masse braucht eine Richtung« (26). In wissenschaftliche Kategorien übertragen, sind damit die soziologische, die psychologische und die politische Dimension kollektiven Verhaltens benannt. Den bundesrepublikanischen Universitäten – Reservoir der frühen Demonstrationen – fehlte 1967 all das, was eine Masse ausmacht: Gleichheit, Kommunikation und ein verbindliches Ziel. Die Kritik an der Ordinarienuniversität, der verallgemeinernde Hinweis auf individuellen Machtmißbrauch hatte den Blick getrübt für jene Ungleichheit unter den Studierenden selbst. Man hielt Distanz zueinander, trat in Kommunikation nur dann, wenn es unumgänglich wurde und in engem Kontakt zur Ausbildung stand. Das gebräuchliche »Sie« als Anrede tat ein übriges; erst die geradezu pathologische Duzerei auch mit völlig Unbekannten in der Folgezeit hat die aufgestaute Unzufriedenheit noch einmal deutlich werden lassen. In der traditionellen Universität waren alle ihre Mitglieder geprägt von der *Berührungsfurcht,* einer zentralen Kategorie Canettis. Sie verliert der Mensch erst in der Masse; in dieser Tatsache liegt ein fundamentaler Unterschied zwischen Gruppe und Masse begründet. Die Aufbrechung dieser Berührungsfurcht im Universitätsbereich der Bundesrepublik ist ein positives Ergebnis studentischer Rebellion auf lange Sicht, ungeachtet eines möglichen und an einigen Orten vollzogenen Umschlags in Kumpanei.
Der Überwindung individueller Isolation innerhalb der Universitäten diente – so paradox es klingen mag – das *Gleichheitserlebnis* in einer Massendemonstration. »Alle Forderungen nach Gerechtigkeit, alle Gleichheitstheorien beziehen ihre Energien letzten Endes aus diesem Gleichheitserlebnis, das jeder auf seine Weise von der Masse her kennt« (26). Die Universitäten konnten und können dieses Gleichheitserlebnis nicht vermitteln. In einer funktionierenden Universität herrscht Differenzierung, nach Fächern vor allem, nach Semestern, nach Herkunft und Intelligenz.

Nicht das Studium sichert »Solidarität«, sondern erst der Kampf gegen einen gemeinsamen Feind, letztlich das *Verbot,* nach herkömmlichen Regeln zu studieren. In der Universität herrscht so wenig Gleichheit wie am Arbeitsplatz unter Arbeitern. Differenzierung der Berufe und Aufteilung der Arbeit ist ja gerade das Charakteristikum moderner Industriegesellschaften. In Kenntnis dieser banalen, in unserem Fach aber fast verdrängten Fakten kann Canetti Sätze formulieren, die dem »Zeitgeist« entschieden widersprechen. Nicht entfremdete Arbeit, sondern im Gegenteil erst »das Verbot der Arbeit schafft eine akute und widerstandsfähige Gesinnung ... das Aussetzen der Arbeit macht die Arbeiter gleich« (58 f.). Darin liegt die politische Bedeutung des Streiks, für Canetti das Beispiel einer *Verbotsmasse* (57 ff.) oder auch *negativen Masse.*
Die Gruppe, der gemeinhin die Wirkung des Gleichheitserlebnisses zugeschrieben wird, vermochte jene Dichte nicht zu bieten, die die Masse liebt: jenes zunächst lässige, später streng disziplinierte Marschieren, ineinandergehakt, die Reihen fest geschlossen, mit Transparenten und Fahnen voran – in der Farbe des *Feuers* meist, jenem Symbol, das untrennbar mit der Masse verbunden ist. Die *Brandstiftung* ist für die Masse ein Augenblick der *Entladung.* Sie richtete sich zunächst gegen das Symbol einer prosperierenden Überflußgesellschaft, das Auto, später gegen Symbole der Macht in diesem Land und, in Berlin vor allem, gegen Konzerne der Medien und der Kaufhäuser. Die Demonstrationen der späten sechziger Jahre hatten zu Beginn jene Funktion, die Jules Michelet und Roland Barthes der Hexe im gesamten Spätmittelalter zugeschrieben haben. Sie interpretieren die Hexe nicht wie üblich als Ausgeschlossene, sondern als notwendigen Bestandteil einer Gesellschaft, die ihre Widersprüche leben will. »Nahezu überflüssig, solange die sozialen Beziehungen von selbst eine gewisse Solidarität einschließen, entwickelt sie sich in

dem Maße, wie die Beziehungen verarmen: als sie völlig entleert sind, triumphiert die Hexe«[40].

Die Demonstrationen hatten eine Richtung, sie boten Geborgenheit – politisch als Solidarität deklariert – und sie vermittelten das Gefühl der Gleichheit. Sie boten damit drei von vier Eigenschaften, die nach Canetti charakteristisch sind für die Masse. Zunächst auch die des ständigen Wachstums, die vierte und von Canetti zuerst genannte Eigenschaft. Ursprünglich als *Meute* (101 ff.) – einer überschaubaren Zahl von Menschen – entstanden, dann zur *Jagd-, Kriegs- und Klagemeute* entwickelt, wollen spätere Meuten sich vor allem vermehren *(Vermehrungsmeute).* Daß diesem, auch für die aus den Meuten hervorgegangenen Massen geltenden Ziel in jüngster Zeit Grenzen gesetzt sind, sieht auch Canetti.

In der Tat erhielten Demonstrationen, vom Fernsehen und einem Teil der Presse als langersehnte Abwechslung hofiert, zunächst einen immer größeren Zulauf. Durch einen unverhältnismäßig großen Polizeieinsatz kristallisierten sich bald zwei voneinander abhängige *Doppelmassen* heraus: Demonstranten und Polizisten. Wurde die Bedeutung einer Demonstration in friedlichen Zeiten an der Zahl der Teilnehmer gemessen, so jetzt an der Relation Demonstranten/Polizei.

Massendemonstrationen zerfielen, als wesentliche Ziele erreicht waren. Der weltweite Kampf für den Rückzug der Amerikaner aus Vietnam hatte teilweise Erfolg, der Einsatz für eine Reform der Universitäten führte in einigen Bundesländern rasch zu neuen Hochschulgesetzen. Vom Inhalt der Forderungen, vor allem jedoch von der Form, ihnen Erfolg zu verschaffen, völlig überrascht, reagierte der Staat nicht ohne Panik. Er öffnete Ventile mit dem Ziel, die Ruhe auf den Straßen und in den Universitäten wiederherzustellen. Mit der Liberalisierung des Demonstrationsrechts im Jahre 1970 belohnte er nachträglich Gewalt in der Hoffnung, in Zukunft vor ihr sicher zu sein – ein eindrucksvolles, wenn auch fatales, Beispiel für die Abhängigkeit des Machthabers von der Masse. Zwischen beiden besteht eine Interdependenz; sie stehen sich zwar gegenüber, sind aber andererseits aufeinander angewiesen: der Machthaber, selbst seiner Macht nicht sicher und geplagt von Zweifeln an der Legitimität seiner Entscheidungen, auf die Loyalität der Masse; Masse und Massenkristalle auf den Machthaber, dessen Gewalt ihnen erst die Möglichkeit ihrer Existenz gibt, das Gefühl des Verfolgtwerdens, die Richtung auf ein Ziel. Die studentischen Demonstranten in der Bundesrepublik bildeten in ihrer ersten Phase *Umkehrungsmassen,* die sich gegen *Befehle*[41], unter denen sie zuvor zu leiden hatten, und gegen die vermeintlichen Urheber dieser Befehle richteten. »Die Umkehrung setzt eine geschichtete Gesellschaft voraus. Die Abgrenzung bestimmter Klassen gegeneinander, von denen eine mehr Rechte als die andere hat, muß eine Weile bestanden haben, bevor ein Bedürfnis nach Umkehrung entstehen kann« (61).

Den Zerfall einer Masse überdauern *Massenkristalle*[42]: »kleine, rigide Gruppen von Menschen, fest abgegrenzt und von großer Beständigkeit, die dazu dienen, Massen auszulösen ... auf ihre *Einheit* kommt es viel mehr an als auf ihre Größe ... ihr Leben außerhalb des Kristalles zählt nicht« (79). Massenkristalle haben für das (Wieder-)aufleben von Massen eine ebenso zentrale Bedeutung wie der *erste* Tote (152) für den Beginn und die Dynamik einer Auseinandersetzung.

e) Massenhandeln II: Im Fußballstadion

Bei einem Fußballspiel nehmen Zuschauer Einfluß auf Verlauf und Ausgang des Treffens – paradoxerweise selbst dann, wenn sie als Teil des erwarteten Stammpublikums gar nicht im Stadion erscheinen. Die reine Zahl[43] der Zuschauer stellt bereits einen Machtfaktor dar. Bleibt sie hinter den Erwartungen zurück, so findet das Spiel vor »dürftiger Kulisse« statt. Den Spielern der Heimmannschaft fehlt das gewohnte Stimulans, dem Vereinskassierer das Geld. Nicht unbedingt höhere Einnahmen, aber zumindest eine beachtenswerte, für den Spielausgang mitentscheidende Zuschauerkulisse haben einige Bundesligavereine in jüngster Zeit durch drastische Senkung der Eintrittspreise zu einzelnen Spielen erreichen können. Die Wirkung einer Zuschauermasse im Stadion beruht nicht so sehr auf ihrer absoluten Zahl als vielmehr auf einer günstigen Relation zwischen dem Fassungsvermögen des Stadions und der Zuschauerzahl. Sie wird ferner durch die architektonische Anlage der Arena beeinflußt. Das Münchner Olympiastadion wird von Spielern und Zuschauern nicht sonderlich geschätzt, weil die Distanz zwischen dem Spielfeld und den Tribünen in diesem in erster Linie für Leichtathleten gebauten Stadion zu groß ist. Als ideale Anlage gilt demgegenüber das nach englischem Vorbild errichtete Westfalenstadion in Dortmund mit einer Zuschauerkapazität von »nur« 54 000 (München: 75 000). Auf allen vier Seiten des Spielfeldes sind die Ränge relativ steil erbaut.

Die Zuschauer im Stadion bilden im Gegensatz zur *offenen*, in ihrem Wachstum unbegrenzten *Masse* während einer Demonstration eine *geschlossene Masse* (10 ff.). Verschlossen gegenüber der sie umgebenden Stadt nach außen, bildet die Masse auch innerhalb der Arena einen geschlossenen Ring, den Sonderfall einer zwiefach geschlossenen Masse. In einem rund zur Hälfte gefüllten Stadion, das optisch wesentlich voller wirkt und zumindest die Illusion einer prächtigen Kulisse gestattet, ist ein Massenhandeln der Zuschauer die Regel. Sie sitzen oder stehen nicht als passive Konsumenten apathisch herum, sondern sie versu-

chen, Einfluß auf den Spielausgang zu nehmen. Sie wenden sich dabei an unterschiedliche Bezugsgruppen. Die Irritation der gegnerischen Mannschaft[44] wird von lautstarker Unterstützung des »eigenen« Teams und systematischen Attacken gegen Entscheidungen des Schiedsrichters unterbrochen. Zuweilen richten sie sich auch gegen den Trainer der Heimmannschaft – mit dem Ziel, einen bestimmten Spieler heraus- bzw. hineinzunehmen.
Die skizzierten Fakten sind im wesentlichen bekannt und bedürfen daher keiner näheren Erläuterung. Erstaunlich an ihnen ist, mit welcher Sicherheit sie sich empirisch belegen lassen, daß und wie Mechanismen dieser Art tatsächlich funktionieren. Keine der Bundesligamannschaften spielt auswärts erfolgreicher als zu Hause. Begründen läßt sich der aufgezeigte Trend nicht zuletzt damit, daß angesichts der spielerischen, taktischen und konditionellen Ausgeglichenheit der meisten Proficlubs dann in der Tat Faktoren spielentscheidend wirken, die scheinbar außerhalb des Spielfeldes liegen. Hinzu kommt eine fatale Tendenz zahlreicher Trainer und damit auch der Spieler auswärtiger Mannschaften, die Niederlage oder bestenfalls ein Unentschieden von vornherein einzukalkulieren. Nach der Niederlage der bundesdeutschen Mannschaft gegen England im März 1975 erklärte der Bundestrainer fast erleichtert, mit einem Sieg habe er ohnehin nicht gerechnet.
Von Bundesligavereinen hingegen wird die systematische Unterstützung der eigenen Elf ausdrücklich gefördert. Tendenziöse Artikel in den jeweiligen Programmen gelten noch als eine harmlose Variante dieser Form des Dopings mit Hilfe von Massenmedien. Hertha BSC Berlin geht soweit, kurz vor Beginn der zweiten Halbzeit eine Schallplatte mit Anfeuerungsrufen für die eigene Mannschaft über die Stadionlautsprecher abspielen zu lassen.
Auf das Problem solcherart einstudierter Massen hat Canetti hingewiesen. Ihnen fehlt Spontaneität. In der Tat

kann von einer Kommunikation zwischen den Spielern auf dem Rasen und den Massen auf den Rängen nicht mehr die Rede sein, wenn die blau-weiß gestreiften, überwiegend jugendlichen Fans von Hertha BSC wie dressierte Affen – im Volksmund »Frösche« genannt – auch dann auf ihren Plätzen grölend hoch- und niederspringen, wenn sich auf dem Spielfeld so gut wie nichts tut. Es handelt sich hier um kollektiven Narzißmus, durch den der Fußballsport ins Zwielicht gerät.

Die »*Stimme* der Masse« (33) äußert sich vor allem im spontanen Schrei, zum Beispiel nach einem Tor oder einer unfairen Attacke; beides ist in der Regel ja nicht voraussehbar. In einem Fußballstadion haben wir es mit einer *stokkenden Masse* zu tun, die auf den Augenblick der Entladung wartet – im Gegensatz zur *rhythmischen oder zukkenden Masse*. Dies gilt, so meine ich, ungeachtet der rhythmisch vorgetragenen Gesänge insbesondere in britischen Stadien. Auch sie sind in bestimmten Spielabschnitten eine Form der Befreiung. Eine stockende Masse ist nicht mit einer *langsamen Masse* zu verwechseln – etwa einem Zug von Pilgern, die den Akt der Entladung nicht kennt. Vielmehr handelt es sich in einem Fußballstadion, im Hinblick auf das angestrebte Ziel, um eine *rasche Masse*.

»*Die Masse liebt Dichte* . . . das Gefühl größter Dichte hat sie im Augenblick der Entladung« (26). Zur Entladung während eines Fußballspiels kommt es nach einem Tor für die »eigene« Mannschaft. Es wirkt befreiend und kommunikativ. Es fördert das für eine Masse charakteristische »Gleichheitserlebnis«. Diese Gleichheit besteht für 90 Minuten, und sie bezieht sich nur auf das Spiel und seine Randerscheinungen. Man kann den Nachbarn ohne weiteres ansprechen und ihn nach dem Namen eines bestimmten Spielers fragen; völlig unpassend wäre es hingegen, ein Gespräch über private Fragen eröffnen zu wollen. Dies gilt auch für die Halbzeit, in der das Spiel unterbrochen ist.

»Die Masse braucht eine Richtung. Sie ist in Bewegung und bewegt sich auf etwas zu« (26). Das primäre Ziel ist der erhoffte Sieg der unterstützten Mannschaft. Ihm gilt das permanente Interesse der Masse, in einem überaus spannenden und entscheidenden Spiel als Prozeß einer ständig zunehmenden Eskalation, im Regelfall eher als Vorgang einer Wellenbewegung von unterschiedlicher Intensität. Die Masse zerfällt, sobald das Ziel erreicht oder abzusehen ist, daß es an diesem Tag nicht mehr zu erreichen sein wird. Von einem guten und spannenden Spiel wird berichtet, nahezu alle Zuschauer seien bis zum Schlußpfiff auf ihren Plätzen geblieben. In einem mäßigen Spiel setzen Abwanderungsbewegungen bereits zu Beginn der letzten halben Stunde ein. Zum Sieg gehört ein Held, »der Held des Tages«, den sich die Masse während des Spiels wählt, und ein Opfer, meist auf seiten der gegnerischen Mannschaft[45]. Bei einer sich abzeichnenden Niederlage bietet sich als Opfer auch die eigene Mannschaft an oder der Schiedsrichter.

Der Zerfall der Masse während eines Spiels oder nach Spielende vollzieht sich ohne Melancholie[46]. Weder bei der unterlegenen Mannschaft noch bei den Zuschauern kommt es zur dauerhaften Resignation; das Ereignis läßt sich wiederholen. In diesem Punkt zeigt selbst der bezahlte Fußball noch deutliche Züge des Spiels. Zwar geht es hier und heute um Sieg oder Niederlage, um Geld und Prämien. Doch am nächsten Samstag beginnt ein neues Spiel und zu Beginn der neuen Saison sind, zumindest formal, alle Mannschaften erst einmal wieder gleich. Schon aus diesem Grund ist es wenig sinnvoll, das Gleichnis von Sport und Krieg immer wieder zu strapazieren.

f) Ausblick

In seinem Buch *Rolle und Macht* nennt Dieter Claessens sechs »Unter-Mechanismen«, die heute zur Rollenbindung des Individuums beitragen. Zu ihnen zählt neben dem Beruf, dem Rechtssystem, der Machtkonzentration in Wirtschaft, Politik und Militär, der modernen Kleinfamilie und der »Wissenschaft« die Bürokratie. Nach Claessens und anderen »entmachtet« die Bürokratie ›die einst so gefährlichen Massen‹, indem sie diese organisiert, lenkbar macht und manipuliert. Sie schmilzt die von den Massen geschaffenen Apparate (wie Parteien und Gewerkschaften) in ihr System ein«[47].

Träfe diese Analyse zu, dann erübrigte sich auch eine sozialwissenschaftliche Untersuchung der Massen. Ist jedoch unsere Interpretation studentischer Demonstrationen richtig, dann hat nicht die Bürokratie die Massen entmachtet, sondern dann haben Massen einen bürokratischen Apparat teilweise lahmgelegt und ihm ihren Willen aufgezwungen. Von den Massendemonstrationen in Frankreich im Mai 1968 ganz zu schweigen. Erst »die Emanzipation der Macht«[48] führte auch die Massen zur Emanzipation. Solange sie unterdrückt waren, hielt sich ihre »Gefährlichkeit« in Grenzen.

Mit der Emanzipation der Massen konnten bestehende Probleme teilweise gelöst werden (relativer materieller Wohlstand und repräsentative Demokratie z. B.); inzwischen sind andere Fragen aufgetaucht. Sich ihnen zu stellen, bedeutet kein Plädoyer für vergangene Verhältnisse. Eines der neu entstandenen Probleme hat John Ford wie folgt beschrieben: »Bis vor einem Jahrhundert haben noch die Leute für den Fortschritt gesorgt, die die Macht hatten, ihn auch herbeizuführen: Von der Neuzeit an bis vor kurzem gingen die Heilslehren immer von den Machthabern selber aus: von den Fürsten, den Fabrikherren, den

Wohltätern. Jetzt sind aber die Machthaber keine Wohltäter der Menschheit mehr, höchstens gebärden sie sich als Wohltäter an einzelnen, und nur noch die Armen, die Mittellosen und Machtlosen, denken sich etwas Neues aus«[49]. Was Ford in der Form des nostalgischen Rückblicks bedauert, seziert Thomas Bernhard, von zahlreichen Kritikern als progressiver Autor gefeiert, auf folgende Weise: »Wir leben in einer Zeit, in welcher die Forderungen der gemeinen Menschen erfüllt werden. Das hat es nie gegeben«[50].

Historisch neu ist in jedem Fall die permanente Überschneidung von individuellem und Massenhandeln. Eindringliche Beispiele bilden der Massenverkehr, Massengüter und Massenmedien. Damit verliert die zeitbedingte Erklärung Le Bons, die Masse sei eine vorübergehende Erscheinung, gleichsam der Ausnahmezustand innerhalb eines sonst »normalen« Rahmens, an Überzeugungskraft. Viel spricht dafür, daß die Thematik »Masse und Massenhandeln« nicht ausschließlich ein inzwischen historisches, typisches Problem der Jahrhundertwende im weitesten Sinne bleiben wird. Zu jener Zeit stellte es sich zum erstenmal in aller Schärfe; komplizierter in seinen Zusammenhängen und beeinflußt von technologischen Veränderungen, stellt es sich in veränderter Form heute neu.

Massenhandeln – wie die Teilnahme an einer Demonstration oder der Besuch eines Fußballspiels – stellt nur *eine* Form sozialen Verhaltens in der Gegenwart dar. Handeln in kleinen Gruppen sowie Alltagshandeln sind sicher häufiger zu beobachten und im Rahmen relativ festgefügter sozio-kultureller Verhaltensmuster auch leichter zu analysieren und damit zu prognostizieren. Im Massenhandeln steckt ein schwer auflösbarer Rest nicht-rationalen Verhaltens. Darin liegt seine politische und soziale Bedeutung, die Gefährlichkeit, das heißt die Nicht-Berechenbarkeit von Massen – auch und gerade in der Gegenwart. Auf die archaischen Elemente in heutigen Massen hat Canetti – im Gespräch mit Adorno, der ihm in diesem Punkt zustimmt – aufmerksam gemacht: »Es ist nicht möglich, die Masse nur so zu untersuchen, wie sie heute erscheint ... Ich glaube, es ist auch wichtig, sie auf etwas zurückzuführen, das schon lange da war, sehr oft ... und in verschiedenen Formen erschienen ist«[51].

Anmerkungen

1 Jürgen Habermas: Strukturwandel der Öffentlichkeit, Neuwied/Berlin 1962.
2 George Steiner: Sprache und Schweigen, Frankfurt a. M. 1969, S. 258 f.
3 Quellen: Statistische Jahrbücher sowie eigene Erhebungen.
4 Henning Rischbieter in: Theater 1976, Sonderheft der Zeitschrift »Theater heute«, S. 180, Übersicht 4.
5 Rischbieter 1976.
6 Quelle: Peter Buschka: »Wir leben in einem toten Land«, in: Süddeutsche Zeitung v. 20. 8. 1977. Die Angaben gelten für die Bundesrepublik im Jahre 1976 – mit Ausnahme der Oper (1975).
7 Walter Grasskamp: Unser kultureller Notstand, in: L 76, Nr. 4, S. 8. – Analoges gilt für die Entwicklung im universitären Bereich.
8 Grasskamp S. 14.
9 Stefan Zweig: Die Monotonisierung der Welt, Frankfurt a. M. 1976.
10 Günther Lüschen: Zur Strukturanalyse des Sports, in: Lüschen/Weis 1976, S. 56.
11 Ilse Modelmoog: Philosophische Anthropologie und Sportwissenschaft, in: Hans-Jürgen Schulke (Hrsg.): Sport, Wissenschaft und Politik in der BRD, Köln 1975, S. 138.
12 Eigene Erhebungen.
13 Dieter H. Jütting: Freizeit und Erwachsenensport, München 1976, S. 129. Quelle: Emnid 1970. Bei der Interpretation ist die generell niedrigere Ausbildungsqualifikation der Frauen in der Bundesrepublik zu berücksichtigen und – zunächst einmal unabhängig von dieser Tatsache – auch ihr geringeres Interesse am Sportkonsum. – Sportkonsum = *Sportberichte* sehen, hören oder lesen.
14 Gregory P. Stone: Soziale Sinnbezüge des Sports in der Massengesellschaft, in: Lüschen/Weis 1976, Tabelle S. 142.
15 Stone S. 142.
16 Quelle: Infas-Institut 1973.
17 Ulrike Prokop: Soziologie der Olympischen Spiele, München 1971.
18 Gustave Le Bon: Psychologie der Massen, Stuttgart 1964 (Paris 1895).
19 Karl Marx und Friedrich Engels: Manifest der Kommunistischen Partei, Berlin (DDR) 1967 (London 1848).

20 José Ortega y Gasset: Der Aufstand der Massen, Hamburg 1956 (Madrid 1930).

21 Sigmund Freud: Massenpsychologie und Ich-Analyse, Frankfurt 1967 (Wien 1921).

22 David Riesman, Reuel Denny und Nathan Glazer: Die einsame Masse, Berlin 1956 (New Haven 1950). Benutzt wurde die deutsche Taschenbuchausgabe Hamburg 1958.

23 Max Horkheimer in seinen 1974 veröffentlichten Notizen. Zitiert nach einem Vorabdruck in der Frankfurter Allgemeinen Zeitung vom 7. 8. 1974, S. 19.

24 Dieses, im übrigen fiktive Beispiel erwähnt Alexander Mitscherlich in: Massenpsychologie ohne Ressentiment, Frankfurt 1972, S. 44.

25 Mit Massen und Massenveranstaltungen wurde ich selbst konfrontiert, vor allem in Berlin, Paris, London, Madrid, Rom, Wien, Istanbul und Athen sowie in den antiken Arenen von Arles und Nîmes.

26 Eine Einführung in die wichtigsten soziologischen Handlungstheorien bietet Hans Haferkamp: Soziologie als Handlungstheorie, Düsseldorf 1972.

27 Als Quelle dient insbesondere der erste Band von *Masse und Macht,* München o. J. (1973). Die in Klammern stehenden Seitenzahlen beziehen sich auf diesen Band. Zentrale Kategorien Canettis sind kursiv gedruckt.

28 Walter R. Heinz und Peter Schöber (Hrsg.): Theorien kollektiven Verhaltens, 2 Bde., Darmstadt und Neuwied 1973 (zuerst 1972), S. 44.

29 Heinz/Schöber S. 20.

30 Heinz/Schöber S. 23 und S. 25.

31 Angesichts dieser Kritik wird der Leser gebeten, durch die Lektüre der Taschenbücher von Heinz/Schöber (Sammlung Luchterhand, Bd. 118 und 119) und von Canettis *Masse und Macht* (Reihe Hanser, Bd. 124 und 125) sich selbst ein Urteil zu bilden.

32 Carl J. Couch: Kollektives Verhalten: Eine Untersuchung einiger Stereotype, in Heinz/Schöber, Bd. 1, S. 73.

33 Neil J. Smelser: Theory of Collective, Behavior, New York 1963.

34 William Kornhauser: The Politics of Mass Society, Glencoe, Ill., 1959.

35 Maurice Pinard: Massengesellschaft und politische Bewegungen: Eine neue Formulierung (zuerst 1967/68) in: Heinz/Schöber, Bd. 2, S. 129 ff.

36 Vgl. hierzu insbesondere die Aufzeichnungen, zuletzt als Einheit unter dem Titel *Die Provinz des Menschen* in München 1973 erschienen sowie *Die Stimmen von Marrakesch,* München 1967.

37 Elias Canetti: Alle vergeudete Verehrung, Aufzeichnungen 1949-1960, München 1970, S. 138.

38 Elias Canetti: Die gespaltene Zukunft, Aufsätze und Gespräche, München 1972, S. 124.

39 Gespräch mit Elias Canetti in: Literatur und Kritik, Nr. 65, 1972, S. 279.

40 Jules Michelet: Die Hexe, München 1974. Mit einem Vorwort von Roland Barthes und einem Essay von Georges Bataille, hrsg. von Traugott König. Zitat von Barthes, S. 6.

41 Vgl. hierzu den zweiten Band von *Masse und Macht,* München o. J. (1973). Die Aufteilung in zwei Taschenbücher ist insofern irreführend, als es sich um *ein* Werk handelt, an dessen Fortsetzung – dem eigentlichen zweiten Band – Canetti noch arbeitet.

42 Smelsers Versuch, kollektives Verhalten als ein *nicht-institutionalisiertes* Verhalten mit dem Ziel einer *Veränderung* der sozialen Wirklichkeit zu definieren, trifft wesentliche Dimensionen des Massenhandelns nicht. *Festmassen* beispielsweise wollen in der Regel nichts verändern; ihr Ziel ist das Fest selbst. *Massenkristalle* bilden den *institutionalisierten* Kern vergangener und zukünftiger Massen. Damit entgeht Canetti dem gegenüber massensoziologischen Arbeiten immer wieder erhobenen Vorwurf, letztlich nur mit »abgeleiteten« psychologischen Kriterien zu arbeiten.

43 Vgl. hierzu grundlegend Ernst Jünger: Zahlen und Götter, Philemon und Baucis, Stuttgart 1974.

44 Eine detaillierte Beschreibung dieses Rituals sowie weiteres Material zum Verständnis des gesamten Abschnitts sind zu finden in: Gerd Hortleder: Die Faszination des Fußballspiels, Frankfurt 1974.

45 Vgl. hierzu das Kapitel Der Held und das Opfer in: Hortleder 1974, S. 55 ff.

46 Zu diesem Begriff und seiner Geschichte siehe Wolf Lepenies: Melancholie und Gesellschaft, Frankfurt 1969.

47 Dieter Claessens: Rolle und Macht, München 1970[2], S. 161.

48 Helmuth Plessner: Die Emanzipation der Macht, in: Diesseits der Utopie, Frankfurt 1974 (zuerst 1962).

49 Aus Peter Handke: Der kurze Brief zum langen Abschied, Frankfurt 1974, S. 190 f. (zuerst 1972).

50 Thomas Bernhard: Die Jagdgesellschaft, Frankfurt 1974, S. 28.

51 Elias Canetti: Die gespaltene Zukunft, Aufsätze und Gespräche, München 1972, S. 76.

III Sport und Sozialstruktur: Die Aktiven

1. Hochleistungssport

Ein Vergleich zwischen Sport und Tourismus läßt Wandlungen im modernen Sport besonders deutlich werden: Sport und Tourismus als politisch gesteuerte Industrie sowie als Dienstleistungsinstitution der neuen Mittelschichten. Die Repräsentation durch Sport und Tourismus gehört heute zur Selbstdarstellung nahezu aller Gesellschaften. Bei Ereignissen wie den Olympischen Spielen sowie Welt- und Europameisterschaften in populären Sportarten fallen Sport und Tourismus gleichsam zusammen. Folgerichtig gewinnt der Sport für den Athleten und seinen Troß in Staaten, die den Tourismus in andere Länder aus wirtschaftlichen Gründen nicht fördern können und ihn aus politischen Gründen auf Länder mit gleicher Gesellschaftsordnung beschränken, an Gewicht. Er dient hier als systemstabilisierender Faktor, für den es im Gegensatz zu anderen Industriestaaten kein funktionales Äquivalent gibt.

In beiden Bereichen handelt es sich zudem um einen Prozeß der »Emanzipation«. Das Privatvergnügen einer privilegierten Minderheit ist für breitere, wenn auch keineswegs für alle Bevölkerungsschichten zur Selbstverständlichkeit geworden. Die »grand Tour« war im 17. und 18. Jahrhundert jungen Adligen vorbehalten, der Sport war zu jener Zeit – neben dem freilich völlig anders strukturierten Volkssport – ein Vergnügen der Oberschicht, insbesondere eine Gelegenheit, Wetten abzuschließen. Aus diesem und keinem anderen Grund kam der Gedanke des »fair play« auf: fair zu kämpfen hieß, die Wettenden nicht zu betrügen. Selbst der Fußballsport in seiner heutigen reglementierten Form wurde von der englischen oberen Mittelschicht eingeführt.

Inzwischen dominieren die »neuen Mittelschichten« so-

wohl unter den Touristen als auch unter den Sportlern und deren Zuschauern. Mit einem Vorsprung von rund einem Jahrzehnt kämpft eine in ihrem sozialen Status verunsicherte und in ihrem Selbstbewußtsein irritierte dezimierte Oberschicht auf oft lächerliche Weise um die Verteidigung von Reservaten der eigenen Schicht. Exotische Reiseziele und ausgefallene Sportarten dienen für kurze Zeit zur Reputation, bis auch sie vom Massentourismus und vom Sport als Massenphänomen eingeholt werden.
Im Rahmen der dargelegten Argumentation ist daran zu erinnern, daß die Unterschicht in kapitalistischen Gesellschaften schon lange nicht mehr das Rekrutierungsfeld für Hochleistungssportler bildet. Sie entstammen überwiegend der Mittelschicht, und – dies ist der entscheidende Gedankengang – sie unterscheiden sich in ihrer Ausbildung deutlich von ihrer Ausgangsschicht und vom Durchschnitt der Gesamtbevölkerung. »Eine höhere Ausbildung bei Spitzensportlern (gemeint sind Hochleistungssportler, G. H.) gegenüber der Gesamtbevölkerung ist eindeutig feststellbar, ebenso wie eine Fortsetzung dieses Trends im Vergleich Olympia- und Nichtolympiateilnehmer ... ein fortschreitend höherer Bildungsgrad der Spitzensportler wird erkennbar«[1]. Der Hochleistungssport in der Bundesrepublik führt nicht zur Integration unterschiedlicher sozialer Schichten. Er ist vielmehr zu interpretieren als ein Bereich, in dem der Prozeß sozialer Differenzierung zugunsten bereits privilegierter Schichten verstärkt wird. Vorsicht gegenüber diesen Ergebnissen von Pfetsch u. a. ist insofern geboten, als die Autoren sich nur auf vier Sportarten als Untersuchungseinheit stützen: Leichtathletik, Schwimmen, Basketball, Skilauf. Auch ist der Untersuchungszeitraum stark eingegrenzt. Untersucht werden die Mitglieder des Olympiakaders von 1972. Allein unter diesen Gesichtspunkten ist der Titel der Studie »Leistungssport und Gesellschaftssystem« zu anspruchsvoll; er wird unhaltbar,

wenn die völlig unzureichenden Angaben aus der DDR und aus Frankreich mit einbezogen werden, die ja einen solchen Vergleich erst ermöglichen sollen.
Unter Berücksichtigung dieser Einwände bleiben dennoch Ergebnisse von großer Tragweite insbesondere für den Hochleistungssport. Danach ist der Hochleistungssport in der Bundesrepublik Deutschland ein Spiegel eben dieser Gesellschaft. Er dient nicht den Angehörigen der Unterschicht als Kompensation, sondern Personen aus der Mittelschicht zu weiterem sozialem Aufstieg. Dem entsprechen eine starke vom Elternhaus vermittelte Motivation, kleine Vereine in ländlichen Gebieten als Rekrutierungsbasis und Großvereine in mittel- und großstädtischer Umgebung als Aktions- und Präsentationsfeld für Hochleistungssport. Regionale Mobilität ist Voraussetzung für spätere soziale Mobilität.
Die Eltern der Olympiateilnehmer verdienen überdurchschnittlich, sie gehören gehobenen Berufsgruppen an. Entsprechend verfügen Olympiateilnehmer im Gegensatz zu Nichtolympiateilnehmern über eine höhere Ausbildung. Sie leben häufiger in größeren Orten, stellen mehr evangelische Athleten, mehr Frauen und mehr Verheiratete.
Aus ihren Ergebnissen schließen Pfetsch, Beutel, Stork und Treutlein, »daß sich die sozio-ökonomischen und kulturellen Determinanten der westdeutschen Leistungs- oder Funktionselite auch im Bereich des Sport reproduzieren«[2]. Unter gebührender Berücksichtigung der methodisch bedingten, möglichen Verzerrung ist diesen Ergebnissen und ihrer Interpretation nichts hinzuzufügen.

2. Freizeitsport und Sozialsport

a) Strukturen im Freizeitsport

In einem von Jürgen Dieckert – Hochschullehrer für Sportwissenschaft in Oldenburg und zeitweiligem Mitglied des Präsidiums des Deutschen Sportbundes – herausgegebenen Werk über den Freizeitsport ist die Rede von einer vom »Volkswillen« getragenen »Bewegung«, die mit Hilfe einer »Aufklärungskampagne« zu unterstützen sei. Als Feinde gelten die »Unsprachlichkeit des Sports«, die »Ungesundheit« der Bevölkerung und die Verschleuderung des »Volksvermögens« im Showsport. Freizeit ist demnach ein »soziales Bedingungsfeld für sportliche Aktivitäten«, ein »Emanzipationsinstrument der Gesellschaft«, in der alle »repressiven Handlungsstrukturen eliminiert« werden. Angesichts der »Ungeklärtheit des Sportphänomens«, von dem Ommo Grupe im selben Band spricht, ist dies in der Tat ein kühnes Unternehmen. Interessant, und wie mir scheint, nicht ungefährlich ist die Mischung aus einem noch nicht verarbeiteten völkischen und einem mißverstandenen marxistischen Pathos[3].
Für Marxisten ist jede Theorie, die sich von dem Freizeitbereich emanzipatorische Impulse verspricht, unannehmbar. Für sie ist Freizeit nur zu verstehen aus der Analyse der Arbeit, einer zentralen Kategorie jeder marxistischen Gesellschaftstheorie. Danach dient Freizeit in erster Linie der Reproduktion der Arbeitskraft *(Reproduktionstheorie)*, einer angesichts der Entwicklung des Verhältnisses von Arbeit und Freizeit inzwischen umstrittenen These. Der von der »Neuen Linken« insbesondere unter dem Einfluß einer frühen, inzwischen modifizierten Schrift von Jürgen Habermas proklamierten *Kompensationstheorie* steht die oben skizzierte, vor allem von Wolfgang Nahr-

stedt vertretene *Emanzipationstheorie* gegenüber. Beide Theorien verdanken ihre Entstehung einem bereits 1952 von Helmuth Plessner entwickelten, anthropologisch begründeten Ansatz; danach suchen die Bewohner hochentwickelter Industriegesellschaften im Sport Ausgleich für diejenigen Bedürfnisse, die ihnen im täglichen Leben der inudstriellen Arbeitswelt versagt bleiben. Der Kompensationstheorie haben Linde und Heinemann, gestützt auf empirische Untersuchungen, die *Selektionstheorie* gegenübergestellt. Danach bestehen zwischen sportlicher Aktivität und beruflicher Tätigkeit keinerlei signifikante Zusammenhänge. Die Autoren betonen die »*selektive* Funktion *sozialer* Prozesse« anstelle der »kompensatorische(n) Funktion aus *psychischen Zwängen*«.[4]

Verkörpert nun – und diesen Anschein vermittelt zumindest die aktuelle Diskussion zum Thema Sport – Freizeitsport die guten Seiten des Sports und Showsport seine schlechten Dimensionen, die Auswüchse an Kommerzialisierung und Manipulation, Leistungsdruck und Entfremdung? Sind Freizeit- und Showsport unüberbrückbare Gegensätze, konkurrierende Formen sportlicher »Handlungsfelder«?

1. Zwischen dem Trend zum aktiven Freizeitsport und dem immer stärker expandierenden Showsport mit der Funktion der Freizeitunterhaltung besteht ein Zusammenhang. Die historischen, technologisch-ökonomischen Voraussetzungen des Showsports sind die gleichen, die auch den Freizeitsport erst ermöglicht haben. Die Entwicklung der Mitgliederzahlen innerhalb des Deutschen Sportbundes läßt sogar die Hypothese plausibel erscheinen, daß nach wie vor eine positive Korrelation zwischen Showsport und Freizeitsport besteht. Für den Sportlehrer bedeutet diese Tatsache in der Praxis folgendes: er vermag seine Schüler, deren Sportverständnis bereits durch familiale Sozialisation und durch den

Einfluß von Massenmedien geprägt ist, wenn sie zu ihm kommen, nur dann von einer neuen Konzeption des Freizeitsports zu überzeugen, wenn er in der Lage ist, gleichzeitig eine Analyse des heutigen Showsports zu liefern, die über gutgemeinte Absichten und kulturkritische Anklagen hinausreicht.

2. Jede Art Sport ist Leistungssport. Es besteht »eine strukturelle empirische Affinität der beiden Handlungsbereiche«[5]. Sowohl im Showsport als auch im Freizeitsport geht es um die Steigerung der individuellen Leistungsfähigkeit. Wer insbesondere den organisierten Freizeitsport auch nur ein wenig kennt, der weiß, mit welcher Verbissenheit, mit welch fragwürdigen Mitteln (Beziehungen zum Vorstand, Beziehung Trainer–Spieler) dort um die Aufstellung einer Mannschaft, um die Nominierung in einem regionalen Wettbewerb gekämpft wird. Auseinandersetzungen vor und hinter den Kulissen sind auf der Ebene des organisierten Freizeitsports wesentlich irrationaler als auf der des professionalisierten Showsports. Die öffentliche soziale Kontrolle, ein Charakteristikum des Professionalisierungsprozesses, entfällt hier weitgehend. Unter der Bezeichnung »Übungsleiter« tauchen im Freizeitsport die abenteuerlichsten Gestalten auf.

Verteidiger sowohl des Freizeit- als auch des Showsports möchten von der gemeinsamen historischen Wurzel und von strukturellen Affinitäten in der Gegenwart nichts wissen. Die Apologeten des Freizeitsports sehen »ihren« Bereich als eigenständig und »sauber« an, als ein Mittel zur Verbesserung von einigen Übeln dieser Welt, die sie gerade im Showsport verkörpert sehen. Daß sich ebenso wie im Showsport auch im Freizeitsport Prozesse der Professionalisierung aufzeigen lassen (z. B. die Entstehung neuer Berufe wie des Freizeitberaters und des Animateurs), daß der Prozeß der Kommerzialisierung konstitutiv ist für seine rasche Ausdehnung, daß veränderte Wertvorstellungen – im Sinne einer Abkehr vom gesprochenen Wort, einer Hinwendung zur im Sport beispielhaft gegebenen nicht verbalen Kommunikation (Visualisierung) – erst Voraussetzung waren zu seinem gegenwärtigen Boom, sehen seine Anhänger nicht oder nur sehr ungern. Die Verteidiger des Hochleistungssports wiederum betonen ausdrücklich den grundsätzlich anderen Charakter des Freizeitsports.

Auf diese Weise gelingt es ihnen, die nicht zu leugnenden Nachteile des Hochleistungssports, insbesondere die erschreckend hohe Zahl dauerhafter Sportverletzungen, auf diesen Bereich einzugrenzen, Hochleistungssport auf das freiwillige Engagement weniger Individuen mit dem Ziel der Selbsterfahrung und -verwirklichung zu reduzieren und der Antwort auf die Frage nach gesamtgesellschaftlichen Zusammenhängen zu entgehen.

3. Gerade das vermeintliche Argument für die Vorzüge des »Freizeitsports« – ein »Sport für jedermann«[6] zu sein – erweist sich als Ideologie, wie ein Blick auf die Tabelle 4 zeigt. Die Antworten auf die Frage »Treiben Sie Sport?« lassen sich wie folgt interpretieren[7]:
   a. Auch im Freizeitsport sind Frauen deutlich unterrepräsentiert. 50% der Männer treiben regelmäßig oder gelegentlich Sport gegenüber 36% aller Frauen. 1968: 45% zu 25%.
   b. Noch ist aktiver Sport eine Domäne der Jugendlichen und der jüngeren Erwachsenen. 72% aller 16-29jährigen treiben regelmäßig oder gelegentlich Sport gegenüber 50% aller über 45 jährigen. Jedoch ist ein Trend zum Life-time-Sport unverkennbar. 1968 lauteten die entsprechenden Zahlen: 66% zu 24% (!).
   c. Die Schichtzugehörigkeit bestimmt neben dem Alter und dem Geschlecht eindeutig die Häufigkeit des Sporttreibens. 62% aller Angehörigen der Oberschicht

Tabelle 4: Soziale Daten der »Sportler« und »Nicht-Sportler« in der Bundesrepublik (April 1973)
Frage: »Treiben Sie Sport?«

	Regelmäßig %	Gelegentlich %	Nein %	%
Gesamtergebnis	18	26	56 =	100
Männer	23	32	45 =	100
Frauen	15	21	64 =	100
Altersgruppen				
16-29 Jahre	33	39	28 =	100
30-44 Jahre	20	32	48 =	100
45-59 Jahre	13	22	65 =	100
60 Jahre und älter	5	10	85 =	100
Soziale Schichtung				
Oberschicht und gehobene Mittelschicht	26	36	38 =	100
Breite Mittelschicht Büroberufe	21	25	54 =	100
Breite Mittelschicht handarbeitende Berufe	15	24	61 =	100
Einfachste soziale Schicht	5	12	83 =	100

und der oberen Mittelschicht treiben Sport, während es in der Unterschicht nur 17% sind. Der Anteil beider Schichten an der Gesamtbevölkerung hingegen beträgt ca. 7% (Oberschicht/obere Mittelschicht) und ca. 21% (Unterschicht) bzw. ca. 50% (Unterschicht einschl. unterer Mittelschicht).

Besonders aufschlußreich ist in diesem Fall ein Vergleich mit den Zahlen von 1968. Auch damals trieben nur 18% aus der Unterschicht Sport. Ihr Anteil ist also, statistisch gesehen, nahezu konstant geblieben. Folgt man allerdings Analysen, die von einer Konzentration der Gesamtbevölkerung innerhalb der Mittelschichten ausgehen, dann ist der Anteil von Angehörigen der Unterschicht am aktiven Sport sogar gesunken. Bei den Mitgliedern aus der Mittelschicht, die im

Sport seit Jahren dominieren, haben sich die Zahlen nur unwesentlich verändert. In der Oberschicht und der oberen Mittelschicht hingegen ist eine deutliche Steigerung festzustellen. 1968 trieben 44% ihrer Mitglieder Sport, 1974 bereits 62%. Das bedeutet im Klartext folgendes: ein steigendes Angebot, in der Bundesrepublik aktiv Sport zu treiben, wird vor allem von ohnehin privilegierten Schichten genutzt. Scheinbar so populäre Sportarten wie Ski, Tennis, Turnen und Leichtathletik werden von jeweils weniger als 5% der Bevölkerung ausgeübt. 16% aller Bundesbürger schwimmen, 11% treiben Gymnastik und 6% spielen Fußball[8].

Zu verstehen sind diese Zahlen nur im Rahmen einer Sozialstruktur der Freizeit. Angehörige der Unterschicht sehen »die umfassendere Gesellschaft als ein Schauspiel, das ihnen in Wort und Bild frei Haus geliefert wird ... diese Demokratie des Massenkonsums ... (beruht) auf dem Prinzip der ungleichen Wahl. Die Reichen wählen nicht nur, d. h. kaufen nicht nur häufiger als andere, sondern sie verfügen auch, da ihre Lebenshaltungskosten einen weit geringeren Teil ihres Einkommens verzehren, über ein Quasi-Monopol bei der Schaffung von Gütern und konsumierbaren Dienstleistungen«[9].

Um es deutlicher zu formulieren: für Kunst und Sport gilt folgendes Gesetz. Die Vereinheitlichung des Marktes, in dieser Studie als Internationalisierung herausgearbeitet, führt keineswegs zu mehr Integration einzelner Schichten. Der beschriebene Trend hat im Gegenteil zur Folge, daß ein Bereich – erst zum Markt geworden – auch von denen beherrscht wird, die über die größte Kaufkraft und die beste Schulbildung verfügen. Die wohlmeinende Anerkennung des Sports als »Kulturgut« macht aus Sport nicht Kultur, sondern eine Ware, die sich noch besser als herkömmliche Kultur verkaufen läßt.

Eine neuere Studie über die Soziologie von Sportvereinen belegt diese These eindrucksvoll. 40% aller Vereinsmitglieder haben die Mittlere Reife und/oder einen Fachschulabschluß gegenüber 30% der Gesamtbevölkerung, 18% Abitur oder Hochschulabschluß (13%), nur 15% hingegen fehlt ein Schulabschluß bzw. eine Lehre. Diese soziale Kategorie ist in der Gesamtbevölkerung mit 26% vertreten. In der Bundesrepublik verdienten 1976 37% der Bevölkerung weniger als DM 1500,– monatlich; ihr Anteil unter den Mitgliedern eines Sportvereins beträgt 24%. Ungelernte Arbeiter (6 zu 10, Prozentsatz im Verein/Prozentsatz in der Gesamtbevölkerung), Rentner (2 zu 4) und Hausfrauen (13 zu 21) sind in der sozialen Zusammensetzung von Sportvereinen deutlich unterrepräsentiert, Studenten (12 zu 6) sowie Selbständige und leitende Angestellte (13 zu 9) sind stärker vertreten, als es ihrem Anteil an der Bevölkerung entspricht. Bei Facharbeitern (25 zu 26), kaufmännischen Angestellten (17 zu 14), technischen Angestellten (5 zu 4) sowie Beamten (7 zu 6) sind die Abweichungen sehr viel geringer[10].

Ohne Zweifel lassen sich neben der gemeinsamen historischen Wurzel sowie vergleichbaren schichtenspezifischen Determinanten auch strukturelle Unterschiede zwischen Show- und Freizeitsport aufweisen. Sie liegen insbesondere in der Motivation und in den Organisationsformen beider Bereiche, ferner in den manifesten Funktionen.

Freizeitsport unterscheidet sich vom Showsport einmal durch das weitgehende Fehlen von Zuschauern, zum anderen durch geringere, im Grenzfall von Individuen oder Gruppen gesetzte Leistungsziele.

Freizeitsport wird strukturiert nach

a) *Organisatorischen Kriterien*
   Vereinssport
   Organisierter Sport außerhalb des Vereins (Trimm-Bewegung, Kneipensport, Betriebssport)

Selbstorganisierter Sport

b) *Zeitlichen Kriterien*
Feierabendsport
Wochenendsport
Urlaubssport
Life-time-Sport (Schwimmen, Tennis, Reiten)
Modesport (Skateboard)

c) *Sozialstrukturellen Kriterien*
Kinder-, Jugend-, Alten-, Familiensport
Sport für Minderheiten (s. Sozialsport)
Schichtenspezifische Sportausübung (Golf, Fußball, Kampfkraftsport).

Ökonomisch getragen wird der Freizeitsport in der Regel durch eine Selbstbeteiligung der Aktiven (Vereinsbeitrag, Benutzung privatwirtschaftlicher Sportanlagen)[11]. In dem Maße, in dem sich die Funktionen des Vereinssports ändern – Konzentration der Förderung von Hochleistungssportlern in vereinsunabhängigen Leistungszentren und Rückgang der Geselligkeit als Motiv der Vereinszugehörigkeit bei gleichzeitiger Ausweitung einer staatlich subventionierten Dienstleistungsfunktion –, wird auch der Freizeitsport, einst entstanden auf Grund privater Initiativen, ein Bestandteil des staatlich initiierten oder zumindest subventionierten *Sozialsports.*

Eine Umstrukturierung des Freizeitsports ergibt sich zwangsläufig aus einer neuen Rangfolge der angeführten organisatorischen und zeitlichen Kriterien, die nicht getrennt voneinander betrachtet werden dürfen. Mit der anhaltenden Tendenz zum Urlaubssport nimmt die Bedeutung des ortsansässigen Vereins ab, es sei denn, er liegt selbst in Feriengebieten und stellt sich auf die Bedürfnisse der Touristen ein. Auch der Freizeitsport bleibt vom Trend zur Internationalisierung nicht verschont. Die Möglichkeit, überhaupt Sport treiben zu können, gehört heute zum Service der touristischen Provinz. Selbst exclusive

Sportarten anzubieten, ist seit längerem nicht mehr ein Privileg mondäner Urlaubsorte.
Ungeachtet dieser neuen, nicht zu leugnenden Entwicklung des Freizeitsports, der von Interessenvertretern legitimerweise propagiert wird, ist die Gefahr seiner Überschätzung nicht zu übersehen. Schon der Begriff Freizeitsport legt die Assoziation Freizeit = Sport nahe. Doch Sport ist nur *eine* Freizeitaktivität unter anderen. Zu diesem Problemkreis verfügen wir nur über wenige und zudem methodisch höchst fragwürdige empirische Kenntnisse. In der Welt der Schule und des Berufs herrschen Gesetze und Verordnungen, die Schulpflicht und das Betriebsverfassungsgesetz beispielsweise. Im Freizeitbereich liegen die Dinge, wie schon die Bezeichnung es andeutet, völlig anders. Niemand ist verpflichtet, in seiner freien Zeit überhaupt etwas zu tun, geschweige denn, auch noch Sozialwissenschaftlern darüber Rechenschaft abzulegen. Und Fragen von dem Niveau »Was tun Sie in Ihrer Freizeit« sind bestenfalls Hilfsmittel. Viel entscheidender ist es zu wissen, warum und wie jemand etwas tut bzw. gar nicht erst dazu kommt, etwas bewußt zu tun.
Diese Tatsachen reichen nicht aus zur Resignation, als Warnung gegenüber allzu großen Erwartungen erscheinen sie sinnvoll. Ungeachtet dieser Einwände lassen sich in hochentwickelten Industriegesellschaften Trends feststellen, deren prinzipielle Richtigkeit heute in den Sozialwissenschaften kaum bestritten ist. Danach verändert sich das Verhältnis von Arbeit und Freizeit quantitativ nicht mehr wesentlich. Das Theorem von der »wachsenden« Freizeit, das insbesondere von Pädagogen wie Nahrstedt, Opaschowski, Grupe und Dieckert vertreten wird und über Dieckert bereits Eingang in ein »Sportwissenschaftliches Lexikon« (Red. Peter Röthig) gefunden hat, ist nicht haltbar. Die entscheidenden Veränderungen im Verhältnis von Arbeit und Freizeit haben im vergangenen Jahrhundert

stattgefunden. Um 1920 waren dann im Prinzip bereits die heutigen Arbeitszeiten erreicht. Die effektive Arbeitszeit eines Industriearbeiters in Deutschland bzw. der Bundesrepublik betrug 1850 85 Stunden, 1870 = 78, 1890 = 66, 1910 = 59, 1920 = ca. 49, 1960 = 46 und 1975 40,5 Stunden. Anstelle der 48-Stunden-Woche ist inzwischen zumindest formell die 40-Stunden-Woche getreten. Sie gilt jedoch weder für Funktionseliten wie Ärzte, Anwälte, Manager und Hochschullehrer noch für alle Arbeitnehmer, deren Tarifvertrag eine entsprechende Arbeitszeit vorsieht. Funktionseliten arbeiten rund 60 Stunden und mehr pro Woche, andere Arbeitnehmer überschreiten ihr Soll häufiger durch Überstunden, so daß ihre effektive Arbeitszeit je nach Konjunkturlage 42-44 Stunden pro Woche beträgt. Die durch Arbeitszeitverkürzung gewonnene Zeit wird zudem durch notwendige Arbeiten in Wohnung und Garten, die mehr sind als bloßes Hobby, wieder verbraucht (sog. Halbfreizeit, Dumazedier).
Historisch völlig neu sind regelmäßige arbeitsfreie Wochen (Urlaub). Die *Umverteilung der Arbeitszeit* ist folgenreicher als die relativ geringe Verkürzung der Arbeitszeit. Die Umverteilung erfolgt sowohl zwischen den Berufsgruppen als auch im Zeitbudget des Einzelnen (Rhythmus Arbeit/Freizeit 5:2 statt 6:1, Rhythmus Arbeit/mehrere Freizeitphasen, z. B. Kurzurlaub, statt Arbeit/einmaliger Jahresurlaub). Darüber hinaus verändert sich die Relation Arbeit/Freizeit durch längere Ausbildungszeiten für mehr Menschen sowie die Einführung einer flexiblen Altersgrenze bei steigender Lebenserwartung. Insgesamt ist also eine Verkürzung der im Berufsleben verbrachten Zeit festzustellen. Die Forderung nach einer stärkeren Berücksichtigung der Life-time-Sportarten resultiert aus diesen Tatsachen. Instrumentalisierung des Sports auch hier in der Illusion, mit seiner Hilfe das sozio-ökonomische und sozialpsychologische Problem des Alters lösen zu können.

Der Prozeß verläuft wie folgt: die Familie schiebt ihre älteren Mitglieder ins Altersheim ab, das wiederum wendet sich an den Sozialsport. Die Gesellschaft steckt ihre Verbrecher ins Gefängnis. Dort fühlen sie sich verständlicherweise unwohl, so daß der Sport zu Hilfe gerufen wird, um die geschlossene Institution in Ordnung zu halten[12].

b) *Auf dem Wege zum Sozialsport*

Sozialsport ist der planmäßige, moralisch und politisch begründete, wissenschaftlich kontrollierte Versuch, den Sport instrumentell zu nutzen im Interesse einer optimalen Gesundheits- und Sozialerziehung. Im Gegensatz zum Showsport wendet sich der Sozialsport an genau definierte Zielgruppen. In zunehmendem Maße an Minderheiten wie Kranke und Gefangene – als Versehrten- bzw. Gefängnissport mit dem Ziel der Rehabilitation bzw. Resozialisierung – sowie an Generationen mit bestimmten Verpflichtungen (Schüler) oder Problemen (Alter, Life-time-Sport). Ökonomisch getragen wird der Sozialsport im wesentlichen vom Staat und von Interessenverbänden, in jedem Fall nicht von den Aktiven selbst.
Die kurz vor den Olympischen Spielen 1976 erstmals öffentlich demonstrierte Übereinstimmung zwischen den sportpolitischen Zielen des Deutschen Gewerkschaftsbundes und des Deutschen Sportbundes verdient in diesem Zusammenhang weitere Aufmerksamkeit. Eine auf derselben Tagung deutlich gewordene Demonstration der Übereinstimmung zwischen Arbeitgeberverband und DSB kam hingegen nicht überraschend. Auf diese Weise gerät der Sport in den Sog mächtiger Interessengruppen, wenn seine Vertreter bisweilen auch der Illusion unterliegen, pressure groups gerieten in den Sog des Sports. Damit wird ein Trend deutlich, der hier als Übergang vom Freizeit- zum Sozialsport charakterisiert worden ist.
Es scheint, als habe der DGB, bis 1976 äußerst zurückhal-

tend und mißtrauisch gegenüber dem Sport, die Zeichen der Zeit erkannt. Da sich die Arbeitszeit zugunsten der freien Zeit verringert hat, darüber hinaus Arbeit in den Wertvorstellungen der Bevölkerung an Wert verliert, besteht für eine Organisation wie den DGB die Gefahr, an politischer Bedeutung zu verlieren. Angetreten, die Interessen von Arbeitnehmern zu vertreten, haben es Gewerkschaften in einer nachindustriellen Gesellschaft mit Klienten zu tun, deren primäres Interesse der freien Zeit gilt. Aus diesem Grund ist der DGB zu einer Doppelstrategie gezwungen. Seine Funktionäre greifen den Deutschen Sportbund wegen seiner zweideutigen Haltung (nicht Erklärung) zur Dopingfrage an und beschimpfen den Deutschen Fußballbund wegen des praktizierten »Sklavenhandels« – so der DGB – mit Ablösesummen. Andererseits hofieren sie den DSB, um rechtzeitig am Boom des totalen Sports teilhaben zu können.

Für den DGB stellt sich ebenso wie für den Staat die fundamentale Frage einer jeden nachindustriellen Gesellschaft: wie lassen sich Bürger kontrollieren, die vom Arbeitsprozeß, der ein hohes Maß an Disziplin verlangt, in stärkerem zeitlichen Umfang befreit sind? Bietet sich hier nicht der Deutsche Sportbund geradezu an, um mit seiner Hilfe verlorengegangenes Terrain wenn schon nicht wiederzugewinnen, so doch in beherrschbaren Grenzen zu halten? Um es mit Henri Lefebvre zu formulieren: »In Europa (haben) einige intelligente Männer ... die Möglichkeit begriffen, auf den Konsum einzuwirken, das heißt das tägliche Leben zu organisieren und zu strukturieren ... es zu *funktionalisieren*«[13]. Die Funktionalisierung des Sports – in dieser Studie als Instrumentalisierung beschrieben – ist in der Bundesrepublik weit fortgeschritten. Prozentual gehören in unserem Land doppelt so viele Menschen Sportvereinen an wie in Frankreich und fünfmal soviel wie in Italien[14]. Das Ende des Booms ist noch nicht

abzusehen. Für 1980 rechnet der DSB mit 16 Millionen Mitgliedern. Der Zeitpunkt ist nicht mehr fern, an dem die Zahl der DSB-Mitglieder die der Einwohner der Bundesrepublik übertrifft. Dieser Ausblick ist keineswegs utopisch, da in der Mitgliederstatistik Doppel- und Mehrfachmitgliedschaften nicht erfaßt sind – Insider vermuten einen Überhang von rund 20%.
Für Funktionäre der Sportpolitik und der Sportwissenschaften scheint es kein soziales Problem zu geben, das sich nicht mit Hilfe des Sports lösen ließe. Jüngstes Beispiel: der Alkoholmißbrauch Jugendlicher soll durch Sportausübung gebremst werden. Daß die Karriere manchen Trinkers erst in so einem richtigen deutschen Sportverein beginnt, ist die traurige Pointe dieses Beispiels einer zweifelhaften Instrumentalisierung des Sports.
Fakten und Hypothesen zur Erklärung des gegenwärtigen Booms im Freizeit- und Sozialsport sind im ersten Kapitel dargelegt worden. Sie sollen noch um ein Argument erweitert werden. Dem Trend zur Sozialversicherung entspricht eine Tendenz zur Lebensversicherung immaterieller Art. Da Gesundheit und Sport fälschlicherweise fast als identische Begriffe gelten, die auch in Forschungsprojekten nicht analytisch zerlegt werden, profitiert der Sport zweifellos von einer verstärkten Aufmerksamkeit der Bevölkerung gegenüber dem eigenen Wohlbefinden. »Die Gesundheit ist für das zwanzigste Jahrhundert das, was die Vernunft für das achtzehnte war: Tugend. Ernährungsriten. Der heilige Darm. Rauchen als Sünde. Die Gesundheitsindustrie und die medizinischen Devotionalien. Der Gesunde wird von Krankheiten bedroht wie einstmals der Fromme von den Dämonen«[15].

Anmerkungen

1 Frank R. Pfetsch, u. a.: Leistungssport und Gesellschaftsystem, Schorndorf 1975, S. 128.
2 Pfetsch 1975, S. 150.
3 Jürgen Dieckert (Hrsg.): Freizeitsport, Düsseldorf 1974.
4 Hans Linde und Klaus Heinemann: Leistungsengagement und Sportinteresse, Schorndorf 1974[2], S. 117. – Nahrstedts Beitrag ist nachzulesen in: Dieckert 1974, der Aufsatz von Habermas »Soziologische Notizen zum Verhältnis von Arbeit und Freizeit« in: Helmuth Plessner u. a. (Hrsg.): Sport und Leibeserziehung, München 1967. Das Buch enthält auch einen Beitrag von Linde, in dem er sich mit Plessner und Habermas auseinandersetzt.
5 Bero Rigauer: Leistungssport als Arbeitssport, in: Jörg Richter (Hrsg.): Die vertrimmte Nation oder Sport in rechter Gesellschaft, Reinbek 1972, S. 69.
6 Vgl. Dieckert 1974.
7 Dieter H. Jütting: Freizeit und Erwachsenensport, München 1976. Die Zahlen für 1968 sind zu finden bei: U. Prokop 1971, S. 81. In beiden Fällen handelt es sich um Repräsentativerhebungen des Instituts für Demoskopie, Allensbach. – Tabelle aus Jütting S. 128.
8 Der Spiegel: Das Freizeitverhalten der Deutschen (II), 1975/nr. 7, S. 102.
9 Alain Touraine: Die postindustrielle Gesellschaft, Frankfurt a. M. 1972, S. 216 f. und S. 227.
10 Untersuchung des Instituts für Soziologie der Universität Karlsruhe. Zitiert nach einer Zusammenfassung in der Frankfurter Allgemeinen Zeitung v. 17. 8. 1977. Die von Schlagenhauf und Timm durchgeführte Analyse konnte in der vorliegenden Arbeit nicht mehr berücksichtigt werden.
11 1,5 Millionen Menschen nutzen die Angebote kommerzieller Sportunternehmen. Quelle: Dietrich R. Quanz: Sport im Verein, Düsseldorf 1975, S. 20.
12 Daß Sport im Gefängnis einige Probleme ansatzweise lösen kann, andererseits eine Fülle neuer Probleme aufwirft, zeigt Kurt Weis: Abweichung und Konformität in der Institution Sport, in: Lüschen/Weis 1976.
13 Henri Lefebvre: Das Alltagsleben in der modernen Welt, Frankfurt a. M. 1972, S. 86 und S. 95.
14 Quanz S. 20.
15 Rüdiger Altmann: Der Kult als äußerste Form der Humanität, Frankfurter Allgemeine Zeitung v. 11. 5. 1974.

IV Sport und Staat: Der Wissenschaftler als Funktionär

»Und da die Annahme oder Ablehnung von Ideologien dem einzelnen überlassen bleiben sollte, so folgt, daß die Trennung von Staat und *Kirche* durch die Trennung von Staat und *Wissenschaft*, der jüngsten, aggressivsten und dogmatischsten religiösen Institution, zu ergänzen ist.«

Paul Feyerabend, Wider den Methodenzwang

1. Die Interessen des Staates

Wenn die bisherigen Ergebnisse zutreffen, dann ist eine Untersuchung des Sports von einer Analyse der Sportwissenschaften nicht zu trennen. Wenn die Resultate der Sportwissenschaften mitentscheidend sind für den »Fortschritt« im modernen Sport, dann können Sportwissenschaftler wie andere Wissenschaftler auch der Frage nach den Folgen ihres Handelns nicht ausweichen. *Die von Sportwissenschaftlern teils geduldete, weitgehend jedoch aktiv unterstützte Entwicklung führt zur Förderung eines neuen Biologismus, zur totalen Instrumentalisierung des gesamten Sports und zu politischem Opportunismus.*
Soweit sich hier politische Ursachen nennen lassen, die mit der Systemkonkurrenz unterschiedlicher Gesellschaftsordnungen umschrieben werden können, wird dieses Thema in der Öffentlichkeit bereits intensiv diskutiert.
Ziel der folgenden Ausführungen ist es nun, zu zeigen, daß neben universellen politischen Faktoren wissenschaftstheoretische Fragestellungen und insbesondere standespolitische Interessen mitentscheidend gewesen sind für die Entwicklung der Sportwissenschaften in der Bundesrepublik Deutschland.
Unter *Biologismus* versteht man in der Soziologie einen auf Herbert Spencer (1820-1903) zurückgehenden Ansatz soziologischer Theorie, der auf der »einseitigen und ausschließlichen Anwendung biologischer Gesichtspunkte und Erklärungsprinzipien auf die gesellschaftlichen und staatlichen Phänomene menschlichen Lebens« beruht[1]. Unter Biologismus verstehen wir im folgenden die auf systematischer Forschung beruhende einseitige Selektion und Förderung bestimmter biologischer Daten – wie Größe, Gewicht, Muskulatur, Blut – mit dem Ziel, »menschliches Material« zum Gewinn von sportlichen Er-

folgen in einer Kosten-Nutzen-Analyse optimal einzusetzen.
»Leistung, Konkurrenz, Gleichheit: Was den modernen Sport so symbolträchtig macht ... ist nicht zuletzt die Exaktheit, um nicht zu sagen Idealität, mit der er diese Grundprinzipien der Industriegesellschaft verwirklicht ... Der Sport bringt die Prinzipien der Industriegesellschaft weit besser zum Ausdruck als diese selbst«[2].
Diese am häufigsten zitierten Sätze aus von Krockows grundlegender Arbeit »Sport und Industriegesellschaft« treffen zumindest heute nicht mehr zu. Sie müßten ersetzt werden durch die Begriffe »Manipulation«, »Monopol« und »Ungleichheit«, ohne daß der zweite Teil der These dadurch weniger korrekt wäre. Dem enttäuschten Ruderer Peter Michael Kolbe, »nur« Gewinner der Silbermedaille in Montreal, verdanken wir die Erkenntnis, daß selbst gesunde Ruderer einen Tag vor dem Finale eine Spritze erhalten, ein Vitaminpräparat, das Wissenschaftler aus der DDR importiert haben. Hier handelt es sich um einen eindeutigen Fall von Industriespionage, denn sportmedizinische Ergebnisse bleiben in sozialistischen Staaten zunächst einmal fünf Jahre unter Verschluß. In diesem Sinne ist auch der Begriff »Monopol« zu verstehen.
Als »Manipulation« hingegen bezeichnen wir die unästhetische Umfunktionierung von Körpern junger Menschen. Bei Kampfkraftsportlern beiderlei Geschlechts sowie bei Schwimmerinnen ist diese unter ästhetischen Gesichtspunkten indiskutable und unter medizinischen Gesichtspunkten unnatürliche, teilweise gefährliche Entwicklung seit Jahren die Norm.
Harmloser, wenn auch nicht weniger fragwürdig, verlaufen die Trends im Basketball: Olympiasieger 1976 wurde bei den Frauen die Mannschaft der Sowjetunion mit einer Durchschnittsgröße von 1,83 m.[3] Die kleineren Japanerinnen hatten gegen sie keine Chance. Teilnehmer an inter-

nationalen Sportereignissen degenerieren gerade in medaillenintensiven olympischen Sportarten wie Schwimmen, Turnen und Leichtathletik immer mehr zu Produkten einer gezielten Züchtung. Chancen haben zunehmend der Riese und die Möbelpackerin, sowie das seit seinem achten Lebensjahr täglich trainierte Kind. Biologische Determinanten nehmen im Showsport einen immer wichtigeren Platz ein. Von Wissenschaftlern erforscht und mit der noch immer nicht verblaßten Kraft wissenschaftlichen Prestiges abgesegnet, tritt neben eine im Showsport nur scheinbar abgebaute soziale Ungleichheit die biologische Ungleichheit, eine Spielart rassistischen Denkens.

Die logische Folge und zugleich die Voraussetzung zur Durchsetzung dieses neuen Biologismus ist die Vernachlässigung sozialer Probleme im Showsport und auch in der Sportwissenschaft. Im Turnen, Schwimmen und Eiskunstlauf der »Frauen« handelt es sich – soziologisch, politisch, ökonomisch, physiologisch gesehen – ganz eindeutig um die Wiedereinführung der Kinderarbeit, deren Beseitigung bekanntlich als ein bedeutender Erfolg sozialer Politik zu Recht gefeiert wird. Wenn ein achtzehnjähriger junger Mann heute einen Profivertrag unterschreibt, dann ist das die Entscheidung eines nach unserer gesellschaftlichen Verfassung Mündigen. Dieser junge Mann geht kaum ein höheres Risiko ein als mit der Aufnahme eines Lehrerstudiums im Jahre 1977. Wenn ein achtjähriges Mädchen sechs Jahre lang täglich bis zu sechs Stunden – in drei Blöcken, versteht sich, man ist ja auf dem Stand der Forschung – trainiert, dann dürfte diese Tatsache überhaupt kein Thema einer Diskussion mehr sein; sie ist auch nicht »wissenschaftlich« in der einen oder anderen Richtung abzusichern, sondern schlicht eine Entscheidung zum im übrigen äußerst ungewissen Ruhme der Nation und ihrer Sportfunktionäre, zur Befriedigung der Eitelkeit ehrgeiziger Eltern, ein – um es bewußt pathetisch auszudrük-

ken – Verlust der Jugend, den keine Medaille, die im übrigen nur wenige gewinnen können, auszugleichen vermag.
Manfred Steinbach, Professor für Sportmedizin und als Medienprofessor selbst ein Meister des Showsports, für die DDR startend und dann für die Bundesrepublik, Vierter in Rom 1960 im Weitsprung und heute einer der sogenannten Fernsehexperten, die eingeladen werden, um Sportjournalisten als Alibi ihrer naiven Berichterstattung zu dienen, Manfred Steinbach antwortete auf eine entsprechende Frage während der Olympischen Spiele 1976 im ZDF auf ebenso originelle wie zynische Weise, daß es selbst dem wahrlich nicht um Worte verlegenen Moderator Rolf Kramer die Sprache verschlug: der Trend zur Jugend im Showsport sei unter medizinischen Aspekten keineswegs bedenklich, er zeige vielmehr, was man in der Jugend schon alles erreichen könne. Diese Tatsache, so Steinbach, auf andere Bereiche zu übertragen, eröffne völlig neue Perspektiven, eine Relativierung und einen partiellen Funktionsverlust des höheren Alters.
Von Steinbach stammt die These vom Masochismus als einer Motivation für den Hochleistungssportler. Getreu seiner Theorie hat er sie ergänzt um die des Sadismus des Sportwissenschaftlers bei der Beurteilung des modernen Sports. Angesichts der Verlogenheit im offiziellen Betrieb des Sports und der Sportwissenschaften sind seine Beiträge von erfrischender Ehrlichkeit, gepaart mit jenem Schuß unreflektierter Unbekümmertheit, die man sich nur bewahren kann, wenn man voll in diesem Betrieb aufgeht.
Nun dient der Showsport nicht der Gesundheit. Ihn unter diesem Gesichtspunkt zu analysieren, bedeutet, an ein gesellschaftliches Phänomen mit der falschen Fragestellung heranzugehen. So unterschiedliche Heroen unseres Jahrhunderts wie Bertolt Brecht und Heide Rosendahl haben diese Tatsache richtig erkannt. Weniger bekannt sind fol-

gende Fakten: das Risiko, aus dem Showsport mit lebenslänglichen gesundheitlichen Schäden hervorzugehen, beträgt 1:3. Das heißt, rund 25% aller westdeutschen Hochleistungssportler werden durch die Ausübung ihres Sports krank. Eine Ausnahme bilden die Automobilweltmeister, bei denen die Mortalität, die Sterberate, nahezu 50% beträgt[4].

Die einsichtigen unter den Sportmedizinern leugnen nun keineswegs das Verletzungsrisiko im Showsport. An seiner Begrenzung mitzuwirken, neuen Verletzungen mit neuen Medikamenten und Methoden vorzubeugen und sie zu behandeln, ist schließlich ihr Beruf. Voller Stolz verweisen sie auf den Freizeitsport. Dort läßt sich die »Ungesundheit« bekämpfen, dort ist etwas zu tun für die »Volksgesundheit«. Der Freizeitsport, insbesondere jedoch der Sozialsport dient einigen Sportmedizinern als Alibi für die viel intensivere Arbeit im Interesse des Hochleistungssports. Zudem ist die Förderung des Freizeitsports, nicht die des therapeutischen Sozialsports, ein höchst fragwürdiges Unternehmen. Gesundheit mit Hilfe des Sports erhalten oder verbessern wollen, einen Ausgleich zu schaffen gegenüber den Anforderungen einer sitzenden Gesellschaft, heißt ja, an Symptomen zu kurieren anstatt zu ihren Ursachen vorzustoßen, heißt »Sportübungen an die Stelle von Bewegung« zu setzen wie »Medizin an die Stelle von Diät«, »Versicherungen an die Stelle gegenseitiger Hilfeleistungen« und »Sozialisation an die Stelle von Moral«[5]. Diese Sätze von Hentigs charakterisieren deutlich die entscheidende Schwäche gegenwärtiger Sportwissenschaft. Sie liegt in der bewußten Ausklammerung der Sinnfrage aus wissenschaftstheoretischen, wissenschaftspolitischen und politischen Gründen.

In einer kleinen einflußreichen Schrift hat Klaus Willimczik 1968 unter einem irreführenden Titel »Wissenschaftstheoretische Aspekte einer Sportwissenschaft« erläutert[6].

Gemeint ist der Ansatz des kritischen Rationalismus. Für Anhänger dieser wissenschaftstheoretischen Grundposition gilt die Überprüfbarkeit der erzielten Ergebnisse als entscheidendes Kriterium für Wissenschaftlichkeit, tritt die Frage der Exaktheit einer Untersuchung an die Stelle des Problems ihrer Bedeutsamkeit. Perfektionierung des Messens sowie Genauigkeit um ihrer selbst willen bilden die gemeinsame Basis zwischen dieser Wissenschaftsauffassung und den im Hochleistungssport geltenden Normen: Sport mit Hilfe der Methodologie des kritischen Rationalismus zu analysieren, heißt bestehende Wertvorstellungen zu reproduzieren und zu verstärken.
Diese frühzeitige wissenschaftstheoretische Fixierung bedeutete für die Entwicklung der Sportwissenschaften eine Einengung ihrer Perspektiven, zumal jeder einsichtige Wissenschaftler vom kritischen Rationalismus zwar viel lernen kann, jedoch in der Praxis bei strenger Anwendung seiner Methoden über die Erkenntnis ohnehin bekannter Banalitäten nur selten hinauskommt. Verstärkt wurde diese Position, weil Anhänger einer marxistischen Gesellschaftstheorie in der Auseinandersetzung im Bereich des Sports nicht gerade ihre stärksten Vertreter ins Feld schickten, sieht man einmal von Bero Rigauer ab. Es kam zu einer aus der Soziologie bekannten und auf die Dauer unergiebigen Konfrontation zwischen Positivisten und Dialektikern[7], oder deutlicher formuliert, zwischen bedingungslosen Apologeten des Sports und seinen Kritikern. Auf der Strecke blieben für die Sportwissenschaften vielleicht ertragreichere Ansätze wie der des Symbolischen Interaktionismus und anderer Handlungstheorien, der Verhaltenstheorie, des Strukturalismus unter Einschluß von Ethnologie und Anthropologie, sowie der Systemtheorie. Erst in jüngster Zeit zeichnen sich hier Änderungen ab[8].
Neben wissenschaftstheoretischen und wissenschaftspoli-

tischen Gründen sind insbesondere politische Ursachen für die Ausklammerung der Frage nach dem Sinn des Sports und hier vor allem des Showsports zu nennen. Auf eine kurze Formel gebracht, bedeutet dies: der moderne Sport und die Sportwissenschaften – in beiden Fällen vertreten durch die entsprechenden internationalen Institutionen – zeichnen sich aus durch ein hohes Maß an politischem Opportunismus.

Daß der Sport eine Fortsetzung der Politik mit anderen Mitteln ist, darf weder als eine besonders neue noch als eine überraschende Erkenntnis gelten. Sport war – spätestens seit 1936 – nie etwas anderes, lediglich seine Bedeutung hat durch die Erfindung des Fernsehens beträchtlich zugenommen. Als symbolträchtiges Medium ist der Sport, insbesondere der Showsport, ideal geeignet zur Vermittlung nationaler und gesellschaftspolitischer Ziele. Der Einfluß verläuft hierbei eindeutig von der Politik in Richtung Sport und nicht umgekehrt. Mit den Kirchen hat der moderne Sport gemeinsam, daß eine hohe Mitgliederzahl nur wenig aussagt über den Einfluß einer Organisation. Entscheidend ist hier die von Claus Offe vorgeschlagene Unterscheidung in Organisationen, die konfliktfähig sind, und solche, die es nicht sind. An diesem Punkt liegt der entscheidende Unterschied zwischen einer Gewerkschaft und einem Sportverband in der Bundesrepublik.

Sport ist seiner Struktur nach in allen Systemen konservativ. Politisierung des Sports ist letztlich ein Pleonasmus ähnlich wie der Begriff Leistungssport. Es gibt keinen Sport ohne Leistung und keinen unpolitischen Showsport. Politischer Opportunismus besteht hingegen darin, daß westliche Sportverbände sich unter ungleichen Bedingungen auf einen Vergleich mit sozialistischen Staaten überhaupt einlassen, daß sie aus Opportunität auf ein verlogenes Spiel um eine vermeintlich edle Idee eingehen. Die Amateuridee ist ein überholtes Relikt und hat in der Geschichte des Sports nur eine sehr geringe Rolle gespielt. Heute eignet sie sich nur noch als Ideologie: nichtsozialistischen Staaten dient sie als vermeintlicher Beleg eines angeblich erst bruchstückhaft kommerzialisierten Sports; sozialistische Staaten benutzen sie mit dem Ziel, den universellen Prozeß der Professionalisierung für den eigenen Bereich zu leugnen. Alle Aktiven, die Showsport ausüben, verdanken ihre Leistungen jedoch dem Professionalisierungsprozeß im Sport. Dieser Begriff wird im übrigen von sozialistischen Gesellschaften strikt abgelehnt, weil Verwechslungen mit dem Begriff »Profisport« nicht auszuschließen sind. Professionalisierung ist ein Terminus zur Beschreibung und Analyse eines universellen Prozesses im modernen Sport. Im Interesse einer Vergleichbarkeit von Untersuchungen in Ländern mit unterschiedlichen Gesellschaftssystemen sollte er beibehalten werden. Divergierende Gesellschaftssysteme unterscheiden sich keineswegs im Grad der Professionalisierung, sondern vielmehr in der Art der Gratifikation für die Akteure des Showsports.

Zusammenfassend läßt sich sagen: die immer wieder beklagte Zweckentfremdung des Sports, seine Politisierung ist ein strukturelles Merkmal des Showsports. In ihrem heutigen Umfang ist sie nur möglich, weil bestimmte westliche Industrienationen Gründe zu haben glauben, sich der offensichtlichen Herausforderung sozialistischer Staaten widersetzen zu müssen. Dies gilt insbesondere für die Vereinigten Staaten und die Bundesrepublik. Das eine Land braucht den Sport als *einen* Integrationsmechanismus seiner heterogenen sozialen, regionalen und rassischen Struktur, das andere aufgrund seiner verlorenen nationalen Identität im Gegensatz etwa zu Frankreich oder Großbritannien, wo freilich eine sportlich-kämpferische Tradition noch immer nicht verblaßt ist. Die Herausforderer sind die Sowjetunion und die DDR. Nahezu wertlos würden die zahlreichen, von diesen beiden Staaten erzielten

Medaillen, zögen sich ihre wahren Konkurrenten, die USA und die Bundesrepublik, vom olympisch betriebenen Showsport zurück.
Der von westlichen Funktionären forcierte politische Opportunismus im Umgang mit den Amateuren sozialistischer Staaten findet seine Entsprechung in der westdeutschen Sportwissenschaft. Verwundert reibt sich der Leser der »Sportwissenschaft« – dem von Ommo Grupe gemeinsam mit einigen als Statisten fungierenden namhaften Sportwissenschaftlern herausgegebenen Periodikum – die Augen: einerseits wird kaum eine Gelegenheit ausgelassen, der Sportkritik der »Neuen Linken« in der Bundesrepublik energisch entgegenzutreten, zum anderen kommen die offiziellen Vertreter einer sozialistischen Sportwissenschaft, insbesondere aus der UdSSR und Polen, ausführlich zu Wort. Des Rätsels Lösung ist einfach. Vertreten sie doch auf eine naive Weise die Segnungen des Hochleistungssports mit deutlichen Hinweisen auf die Überlegenheit des sozialistischen Systems als entscheidende Ursache auch für die Überlegenheit des Subsytems Sport, bietet diese »Demütigung« westlicher Gesellschaften doch das gewünschte Material, um den Showsport hierzulande noch intensiver zu fördern. Das ist die latente Funktion einer scheinbaren Offenheit in ideologischen Fragen, die Verherrlichung des »Feindes« als Anreiz zur Selbstverteidigung[9].
So ist es nur konsequent, wenn der Bundesausschuß zur Förderung des Leistungssports gerne auf Mitarbeiter zurückgreift, die ihre Ausbildung sozialistischen Staaten verdanken. Entschieden zu weit gingen allerdings die Veranstalter des internationalen Kongresses für Sportsoziologie im Oktober 1975 in Heidelberg. Dort konnte ein Tscheche der Sowjetunion Dank abstatten für den siegreichen Einmarsch der Russen im Jahre 1968. Anschließend hielt er ein fachlich indiskutables Referat. Zwei der Veranstalter, Ommo Grupe und August Kirsch, auf dieses Thema ange-

sprochen, geben folgenden Kommentar: Sportpolitik habe ihren Preis, das müsse ich doch verstehen, sonst sei eben eine Verständigung nicht mehr möglich.

Die Anpassung der Funktionäre an das jeweilige politische System findet ihren Ausdruck in der Identifikation der westdeutschen Sportwissenschaften mit der offiziellen Sportpolitik. Sie ist Abbild und zugleich Produzent ihrer Ideologie.

2. Die Interessen der Statusgruppen

Wesentlich verständlicher ist die Ausklammerung der Sinnfrage aus wissenschaftspolitischen Gründen. Den Sport in Frage zu stellen, heißt für einen Sportwissenschaftler, die eigene Arbeit in Frage zu stellen, einen möglichen Bruch mit einer künstlich errichteten Identität. Genauso wie Funktionäre ohne Sportler keine Funktion mehr hätten, liegt die Ausweitung des modernen Sports im Interesse einer sich etablierenden Sportwissenschaft. Die Professionalisierung im Sport, deren wichtigstes Kriterium die systematische Verarbeitung wissenschaftlicher Forschungsergebnisse ist, wird paradoxerweise von einer Disziplin betrieben, die selbst noch im Prozeß der Professionalisierung und, damit verbunden, dem der Profilierung steckt.

Technologen und Pädagogen bilden unter Sportwissenschaftlern die Mehrheit. Während sich für Technologen die Sinnfrage gar nicht erst stellt, sehen Pädagogen im Sport *das* Heilmittel zur Linderung aller Übel dieser Welt. Handelt es sich im ersten Fall um eine fatale Mischung aus Wissenschaftsgläubigkeit, Intelligenz und der verlockenden Aussicht auf lukrative Nebeneinnahmen, kurz um Zynismus, so verkörpern Pädagogen die schrecklichste aller Kombinationen, jene aus gutem Willen und begrenzten Möglichkeiten. »Die Pädagogik ist immer die Magd einer gedankenbeherrschenden Disziplin gewesen, der Theologie, der Philosophie, der Psychologie und nun eben der Soziologie; es gibt nichts Rührenderes in der Geistes- und Wissenschaftsgeschichte als die geistigen Autonomiebestrebungen der Pädagogik«[10]. Dem zeitgenössischen Boom der Pädagogik verdankt auch die Sportwissenschaft ihren kometenhaften Aufstieg zu Beginn der siebziger Jahre, ihm verdankt sie indes auch die seit Jahren unübersehbare Stagnation[11].

Die Sportwissenschaften expandierten genau zu jenem Zeitpunkt, als die Legitimität, die Methoden, Inhalte und insbesondere die Folgen wissenschaftlicher Forschung debattiert und in Frage gestellt wurden. Der Einwand, von dieser nicht zu leugnenden Tatsache seien nahezu alle Disziplinen in gleicher Weise betroffen, trifft sicher zu. Nur verfügten Wirtschafts- und Sozialwissenschaften über genug Substanz, um eine gründliche Revision innerhalb der eigenen Fachgebiete überleben zu können. Der relative Stillstand innerhalb der Soziologie während der letzten Jahre brachte beispielsweise Klassiker zu neuem, verdientem Ruhm. Langfristig war die Krise für das Fach eher nützlich, interpretiert man den auch hier festzustellenden Prozeß der Stagnation als einen der Konsolidierung. In den Sportwissenschaften hingegen gab es nichts zu konsolidieren. Dort ging es um den Ausbau eines sich erst etablierenden Faches. Die Gunst der Stunde nutzend, von wachsendem öffentlichem Interesse sowohl an Fragen der Didaktik als auch an denen des Sports getragen, griffen Funktionäre und Wissenschaftler zu. Beschritten wurde ein völlig unkonventioneller Weg in der modernen Wissenschaftspolitik, indem zunächst Personen berufen wurden für eine Disziplin, die erst im Nachhinein gegründet werden sollte[12].
Nahezu tödlich für die Entwicklung der Sportwissenschaften war jedoch nicht allein diese Personalpolitik, sondern jener unverzeihliche, freiwillig eingegangene Pakt zwischen staatlicher Bürokratie – u. a. institutionalisiert im Bundesinstitut für Sportwissenschaft – und Wissenschaft. Während die Trennung zwischen Religion und Wissenschaft als Erfolg moderner Wissenschaftsentwicklung noch immer gepriesen wird, begaben sich Sportwissenschaftler in eine selbstverschuldete Unmündigkeit. Auf der Suche nach sozialer Anerkennung und nach finanziellen Mitteln, beschritten sie nicht den mühsamen Weg über die etablier-

ten Basisdisziplinen und deren Finanzierung via die unabhängige Deutsche Forschungsgemeinschaft, sondern klopften beim Herrscher direkt an. Das Innenministerium, verantwortlich für die Sicherheit dieses Staates und das Wohlverhalten seiner Bürger, war in der Tat ein idealer Geschäftspartner. Das Ministerium sah hier einen Weg, das wenig vorteilhafte Image eines jeden Innenministeriums mit sportlichen Erfolgen aufzupolieren[14].

Während der Ausbauphase der Sportwissenschaften vertraten insbesondere vier Statusgruppen standespolitische Interessen

1. Die wenigen bereits etablierten Sportwissenschaftler mit dem Ziel, aus einem belächelten »Orchideenfach« eine gigantische zentrale Disziplin zu formen: dem Zeitgeist entsprechend eine interdisziplinäre Forschungsrichtung, gegen die im Prinzip kaum ein vernünftiger Mensch Einwände erheben wird, vorausgesetzt, innerhalb der einzelnen Disziplinen liegen Forschungsergebnisse vor, auf deren Grundlagen interdisziplinär weitergearbeitet werden könnte. Mit Ausnahme der Sportmedizin und – mit Einschränkungen – der Sportpsychologie ist dies jedoch in keiner Teildisziplin in größerem Umfang der Fall.
2. Die Sportlehrer mit dem Ziel, ihren Status als Randgruppe innerhalb des Lehrerkollegiums durch einen Prozeß der Professionalisierung wissenschaftlich aufzuwerten, ernstgenommen zu werden von ihren Kollegen.

3./4. Die Lehrenden an Pädagogischen Hochschulen mit dem Ziel, Professoren an den Universitäten gleichgestellt zu werden; die Lernenden an Pädagogischen Hochschulen mit dem Ziel, die Weihen der Wissenschaft zu erhalten, mehr zu sein als ein schlichter Volksschullehrer. Zu diesem Zweck erhielten Lehrer verschiedener Stufen aparte Namen wie Lehrer für die Primarstufe, die Sekundarstufe I und die Sekundarstufe II.

Übersicht 9: Vom Bundesinstitut für Sportwissenschaft (BISp) geförderte Forschungsvorhaben 1973 bis 1975 im Fachbereich »Wissenschaft«[13]

Disziplin	Jahr	Genehmigte Anträge	Bewilligte Summe in DM
Sportmedizin	1973	23	883 933,95
	1974	21	995 815,68
	1975	18	923 580,–
Sportpädagogik	1973	8	141 257,50
Sportgeschichte	1974	11	171 678,–
	1975	12	323 000,–
Sportpsychologie	1973	7	121 162,81
	1974	16	257 974,66
	1975	9	299 400,–
Sportsoziologie	1973	1	14 679,57
	1974	5	58 000,–
	1975	4	78 285,–
Trainings- und	1973	10	222 779,04
Bewegungslehre	1974	12	141 164,08
	1975	6	122 039,–

Die gemeinsamen standespolitischen Interessen haben wesentlich mit dazu beigetragen, daß im Gegensatz zu anderen Wissenschaften *innerhalb* der Sportwissenschaften Konflikte so gut wie gar nicht aufkommen konnten. Das Gefühl, die Ideologie, eine Gemeinschaft Gleichgesinnter zu sein, wurde von den meisten Mitgliedern innerhalb der Sportwissenschaften internalisiert. Die Gemeinschaft dient dem einen Ziel, dem Sport; sie stützt sich auf das von im übrigen Wissenschaftsbetrieb völlig unbekannten Verlagen nahezu wahllos publizierte »Schrifttum«, das sodann in Zeitschriften derselben Verlage entweder gar nicht oder aber wohlwollend besprochen wird. Ein renommierter Sportwissenschaftler, daraufhin angesprochen, ob er in einer solchen Verlagspolitik keine Gefahr sähe für eine unabhängige Entwicklung der Sportwissenschaften, erwiderte mit einer für die gegenwärtige Entwicklung des

Sports und der Sportwissenschaften typischen Sentenz: »Aber sie zahlen gut und püntklich«. Auch in diesem Punkt bilden die Sportwissenschaften nur den unkritischen Spiegel des Objekts, das kritisch zu untersuchen ihre Aufgabe wäre[15].

Zwischen Sportpolitik – der Ebene der Funktionäre – und Sportwissenschaften – der Ebene der Lehre und Forschung im Bereich des Sports – sowie der wissenschaftlichen Sportpublizistik – der Ebene der Vermittlung zwischen den beiden anderen Bereichen –, herrscht eine Art »Vetternwirtschaft«.

Charakterisiert ist dieser Zustand insbesondere durch das Fehlen der für nahezu alle anderen Fachdisziplinen verbindlichen Gewaltentrennung zwischen

a) Wissenschaftspolitik (z. B. DFG, VW-Stiftung)[16],
b) Wissenschaft (Fachdisziplinen, organisiert in wissenschaftlichen Vereinigungen)[17],
c) Rezeption und Vermittlung der Forschungsergebnisse (unabhängige Zeitschriften).

In den Sportwissenschaften gibt es diese Trennung nicht[18]. Der Präsident des Bundesinstituts für Sportwissenschaft ist zugleich Präsident des umstrittensten Deutschen Sportverbandes, des Deutschen Leichtathletik-Verbandes (DLV). Das BISp wiederum unterstützt die Zeitschrift »Sportwissenschaft«, das in schönen Farben anstelle einer erkennbaren Konzeption erscheinende führende Periodikum auf diesem Gebiet in der Bundesrepublik.

Das nützlichere Organ unter dem irreführenden Titel »leistungssport« – gemeint ist der Hochleistungssport – wird konsequenterweise gleich vom »Bundesausschuß zur Förderung des Leistungssports« (BAL) innerhalb des Deutschen Sportbundes (DSB) herausgegeben. Der »Deutsche Sportlehrerverband« (DSLV) wiederum zeichnet verantwortlich für das Organ seiner Interessenvertretung, die

Zeitschrift »sportunterricht«. Dagegen wäre gar nichts einzuwenden, liefe nicht der Untertitel auf einen Etikettenschwindel hinaus: »Monatsschrift zur Wissenschaft und Praxis des Sports«.

So schließt sich der Kreis. Zwischen ständischen Interessen, die als allgemeine Interessen zu verkaufen zur Funktion einer jeden pressure group gehört, zwischen an weiteren Hochleistungen interessierten Sportverbänden und einem halbstaatlichen Dachinstitut mit der gleichen Zielsetzung zu anderen Zwecken führen die Sportwissenschaften in der Bundesrepublik eine nicht unproblematische Existenz. Ausgehalten, solange sie brav sind, leben ihre Funktionäre in der eitlen Hoffnung, vom Mythos der großen Zahl (1978 ca. 15 Millionen Mitglieder innerhalb des DSB) profitieren zu können, bald zu einer »richtigen« Wissenschaft zu werden. Bereits heute sind die Sportwissenschaften eine primär von Funktionären und erst sekundär von einer scientific community gesteuerte halbstaatliche Institution. Technologen der Sportpraxis – repräsentiert insbesondere durch die Sportmedizin, deren führende Vertreter zugleich Ärzte der bundesdeutschen Olympiamannschaft sind (!) – wetteifern mit Technologen der Unterrichtspraxis – repräsentiert durch die in den Sportwissenschaften dominierenden Pädagogen und Didaktiker.

Der Angriff der meisten Sportkritiker richtet sich gegen den Hochleistungssport. Was dort als eine Affinität des Sports zur Arbeit in sich folgerichtig ist, erfährt hier – im Bereich des Schulsports – einen Prozeß der Verwissenschaftlichung auch in diesem Bereich, der von dem einen möglichen Ziel des Sports[19], sich zu vergnügen, immer mehr wegführt zu den Normen einer Computergesellschaft.

Eine intensive Diskussion über die Funktion des Schulsports würde zu zwei für Sportlehrer existenzbedrohenden Fragen führen. Einmal zu dem bereits angeschnittenen Problem, Bewegung durch Sport ersetzen zu wollen, zum

anderen zu der Frage, ob nicht ein nach den Kriterien moderner Dienstleistungsgesellschaften entwickeltes Vereinssystem einen Teil der Aufgaben, die heute noch dem Schulsport zufallen, viel zweckmäßiger erfüllen kann. Die Vorteile lägen in der Konzentration verbesserter zentraler Sportanlagen, die gleichzeitig dem Freizeitsport zugute kommen könnten, sowie in einer beabsichtigten Trennung von Verschulung und Sport. Gerade weil der Schulsport als Tabu gilt, steht es nicht gut um ihn in der Bundesrepublik. Ein Gruppeninteresse, nämlich das der gegenwärtigen und der zukünftigen Sportlehrer und das der Institutionen, die sie ausbilden und die ihre Existenz weitgehend dieser Tatsache verdanken, wird zu einem meist gar nicht und häufig abenteuerlich begründeten Allgemeininteresse stilisiert. Nun lassen sich in einer Gesellschaftsordnung mit nicht allgemein verbindlichen Wertvorstellungen wie der unsrigen jedoch Gruppeninteressen wesentlich leichter durchsetzen als die einer konkret nicht mehr vorhandenen »Gemeinschaft«. Fragen des Umweltschutzes, der Stadt- und Verkehrsplanung bieten einleuchtende Beispiele für diese aus der Erforschung von Interessengruppen gewonnene Theorie. Der scheinbare Vorteil, hier »für alle« zu sprechen, gleichsam im Namen der »Volksgesundheit«, wird in diesem Fall zu einem Nachteil.
Auch im Showsport spricht einer für alle. »Es wird noch einmal bekräftigt, daß sich die deutsche Sportbewegung zum Leistungssport bekennt«, hat Ommo Grupe vor dem Hauptausschuß des Deutschen Sportbundes gesagt[20]. Jedermann und jedem Verband in dieser Republik steht es frei, Bekenntnisse abzulegen für oder gegen den Hochleistungssport – der ist in diesem Fall gemeint. Aber muß es gleich wieder *»die Bewegung«* sein, eine deutsche zudem in einem geteilten Land? An der Organisation des Sports in der Bundesrepublik irritiert die Tendenz zur Totalität (der größte Verband, die meisten Vereine), an den »Sportfüh-

rern« ihr Mangel an Toleranz gegenüber abweichenden Meinungen, an ihrem »Schrifttum« ein gebrochenes Verhältnis zur deutschen Sprache sowie vor allem die moralische Indifferenz gegenüber dem sich ausbreitenden neuen Biologismus, unterstützt von den Mitteln der Biochemie. Selbst die kaum bekannte Tatsache, daß sich auch im Freizeitsport Dopingprobleme häufen, schafft in diesem Punkt keinen Wandel.

Grupes Rede – für die er von der »Frankfurter Allgemeinen Zeitung« mit der positiv gemeinten, wenn auch fatalen, weil richtigen Bezeichnung eines »Chefideologen« bedacht wurde – ist ein aufschlußreiches Dokument voller Doppeldeutigkeiten. Dem Bekenntnis zur »Wahrung von Chancengleichheit und Humanität« folgt die Rechtfertigung der Resignation. »Gefährdet sind alle, und wir sollten die Möglichkeiten eines Widerstandes in diesem Punkt nicht überschätzen«. Angesichts der Verzahnung von Sportpolitik und Sportwissenschaften ist der Satz sicher richtig.

»In der Festsetzung dieser Regelungen ist die Sportbewegung autonom«, stellt Grupe anschließend fest. Autonom ist ein Verband dort, wo es um die Entscheidung geht, ob mit einem ovalen oder mit einem runden Ball gespielt wird. An den Grenzen zur Kriminalität stehen Verbände, wie das Beispiel des Bundesligaskandals zeigt, keineswegs außerhalb der sozialen Kontrolle durch die sie umgebende Gesellschaft. Dies ist die Kehrseite des Professionalisierungsprozesses.

Betrachtet man die Entwicklung der Sportwissenschaften rückblickend und insbesondere die Auswirkungen der Diskussion über Züchtung als Problem des Showsports, dann läßt sich mit den unübertroffenen Worten des Fernsehreporters Fritz Hattig feststellen: »Das Ergebnis hat sich während der Halbzeit nicht verändert«[21].

Anmerkungen

1 Günter Hartfiel: Wörterbuch der Soziologie, Stuttgart 1972, S. 90.
2 Christian Graf von Krockow: Sport und Industriegesellschaft, München 1972, S. 94 und S. 96.
3 Die gleichen Tendenzen zeichnen sich u. a. im Hallenhandball sowie im Schwimmen, zumindest auf den Sprintstrecken, ab.
4 Die Zahl dauerhafter Sportverletzungen ist ebenso wie ihre Definition unter Sportmedizinern umstritten.
5 Hartmut von Hentig: »Komplexitätsreduktion« durch Systeme oder »Vereinfachung« durch Diskurs, in: Franz Maciejewski (Hrsg.): Theorie der Gesellschaft oder Sozialtechnologie, Supplement 1, Frankfurt a. M. 1973, S. 142.
6 Klaus Willimczik: Wissenschaftstheoretische Aspekte einer Sportwissenschaft, Frankfurt a. M. 1968.
7 Vgl. hierzu insbes. Jac-Olaf Böhme u. a.: Sport im Spätkapitalismus, Frankfurt a. M. 1971 und Gerhard Vinnai (Hrsg.): Sport in der Klassengesellschaft, Frankfurt a. M. 1972 sowie als Kritik an dieser Position Hans Lenk: Leistungssport: Ideologie oder Mythos? Stuttgart 1974[2] (Kurzfassung in Lüschen/Weis 1976).
8 Vgl. die Studien von Eichberg, Franke, Gebauer und Rittner (siehe Literaturverzeichnis). – Unter den außerhalb der Bundesrepublik lebenden Autoren siehe insbes. Bouet und Gritti, Elias und Stone.
9 Vgl. den in Kap. I.2 diskutierten Beitrag von Novikov/Maksimenko sowie die Arbeiten des Polen Wohl.
10 Helmut Schelsky: Die Arbeit tun die anderen, München 1977, S. 403.
11 Von 172 Hochschullehrer-Stellen an den sportwiss. Instituten der Bundesrepublik, die nicht alle besetzt sind und keineswegs ausschließlich von Professoren eingenommen werden, entfallen auf Pädagogik/Didaktik/Sportwissenschaften 88, auf Medizin (incl. Biologie) 24, auf Psychologie 19, auf Bewegungslehre/Biomechanik/Trainingswissenschaften 16, auf Soziologie 10, auf Geschichte 6 und auf »Sonstige« 9. Hinzu kommt die Tatsache, daß Stellen mit anderem Etikett als Pädagogik in zahlreichen Fällen auch noch von Pädagogen besetzt sind – mit Ausnahme der Sportmedizin. Stand: Januar 1976. – Aufschlußreich ist ein Vergleich zwischen der Anzahl der Stellen und der Zahl der Publikationen. Der Anteil sportpädagogischer Literatur innerhalb der Sportwissenschaften betrug bis 1973 nur 17,7%. Zum Vergleich: Medizin 31,1%, Psychologie 18%, Soziologie/Ökonomie 14,6%. Der Rest verteilt sich auf andere Disziplinen. Pfetsch 1975, S. 4.
12 Hinzuweisen ist auch auf die Rolle der Politiker in diesem Zusammenhang. Sie haben gemeinsam mit Sportwissenschaftlern erfolgreich versucht, gegen den zum Teil heftigen Widerstand etablierter Disziplinen Sport als Wissenschaft an den Universitäten zu etablieren.
13 Quelle: Bundesinstitut für Sportwissenschaft, Bericht 1973-1974, Köln 1975, S. 28.

14 Etat des Deutschen Sportbundes 1976: ca. 18 Millionen DM, von denen ca. 80% aus dem Bundesinnenministerium stammen. Quelle: Die Zeit v. 18. 2. 1977. – Diese Zahlen wurden dem Verfasser vom DSB bestätigt.

15 Statt dessen werden unermüdlich Kongresse veranstaltet, auf denen immer dieselben Referenten ihre Standardtexte verlesen. Kongressen pflegen Kongreßberichte zu folgen, in denen jeder Text eines des Schreibens halbwegs Kundigen abgedruckt wird. Dieser Bericht bildet dann die Grundlage zur Vorbereitung des nächsten Kongresses, auf dem voller Verwunderung die Stagnation innerhalb der Sportwissenschaften konstatiert wird.

16 Durch die DFG werden einzelne Projekte gefördert. Eine Aufnahme der Sportwissenschaften als Fachdisziplin lehnt die Deutsche Forschungsgemeinschaft jedoch ab mit dem Hinweis, jedes begründete Projekt könne durch die in der DFG vertretenen Disziplinen gefördert werden.

17 Bezeichnenderweise gibt es keine wissenschaftliche Gesellschaft für Sportwissenschaften in der Bundesrepublik. Die Deutsche Vereinigung für Sportwissenschaft (DVS) steht nahezu jedem offen, der mit Sport in der Praxis, der Lehre oder Forschung zu tun hat.

18 Die Ämterhäufung in Institutionen, in denen über die Entwicklung der Sportwissenschaften entschieden wird (Ministerien, Bundesinstitut für Sportwissenschaft, Sportinstitute an Universitäten, Sportverbände, Fachzeitschriften und Fachverlage) führt zur Konzentration weniger Gleichgesinnter, zu einer sportwissenschaftlichen »Mafia«, wie eines ihrer Mitglieder sie ganz ungeniert bezeichnet. Maximal 15 Personen haben jeweils bis zu sechs Positionen inne. Das Bundesinstitut hat diesen Tatbestand dokumentiert in dem von Eike Jost herausgegebenen Band »Sportcurriculum«, Schorndorf 1973, S. 88-91. – Die Konzentration in zentralen Entscheidungsgremien führt zu der paradoxen Situation, daß über sportwissenschaftliche Forschungsprogramme von Personen entschieden wird, die, da sie ihre Arbeitskraft in Gremien verzetteln, den aktuellen Stand der Forschung zwangsläufig nur sporadisch und in der Diagonalen verfolgen können. – Vgl. hierzu auch Anmerkung 15.

19 Auf den Versuch, den Begriff »Sport« zu definieren, wurde in der vorliegenden Studie bewußt verzichtet. Soziale Strukturen im modernen Sport sollten transparent werden durch die Determinanten, die ihn konstituieren. Die zunächst im Zusammenhang mit der Untersuchung des Showsports herausgearbeiteten Determinanten gewinnen auch in anderen Bereichen des Sports an Gewicht. Aus diesem Grund erscheint es nach wie vor gerechtfertigt, von »dem Sport« zu sprechen, um dann im konkreten Fall das Untersuchungsobjekt einzugrenzen, ohne es zu isolieren. – Sicher wäre es von Vorteil, wenn der vorliegende soziologische Ansatz durch sozialpsychologische Fragestellungen, die die Motivation der Aktiven wie der Zuschauer stärker berücksich-

tigen, ebenso ergänzt würde wie durch einen anthropologisch orientierten Ansatz, in dem die Auswirkungen unterschiedlicher Wertsysteme auf den Sport (z. B. Rolle der Leistung, Schönheits- und Gesundheitsideale) in historischer Perspektive aufgezeigt werden könnten.

20 Frankfurter Allgemeine Zeitung v. 19. 6. 1977.

21 Fritz Hattig während des Spiels DDR–Bundesrepublik im Rahmen der Hallenhandball-Weltmeisterschaft 1978 in Dänemark.

Verzeichnis der Übersichten und Tabellen

Übersichten

Tabellen

Ausgewählte Bibliographie

Eine umfassende Bibliographie zur Sportsoziologie bieten Lüschen/Weis 1976, die unter dem irreführenden Titel »Die Soziologie des Sports« eine Sammlung von Texten unterschiedlicher Qualität vorlegen. Zum Sport in der Bundesrepublik fehlt nahezu jeder Bezug. Der wesentlich preiswertere Band von Hammerich/Heinemann 1975, eine »Sammlung fremdsprachiger (gemeint ist englischsprachiger, G. H.) Beiträge«, enthält wichtigere Arbeiten. –

Die folgende Auswahl ist primär für die Lehre getroffen und beschränkt sich deshalb – von wenigen Ausnahmen abgesehen – auf Texte, die in deutscher Sprache vorliegen.

Bouet, Michel: Signification du sport, Paris 1968

Dunning, Eric (Hrsg.): The Sociology of Sport, London 1971

Eichberg, Henning: Der Weg des Sports in die industrielle Zivilisation, Baden-Baden 1973

Eichberg, Henning: Der Beginn des modernen Leistens, in: Sportwissenschaft 1974, Heft 1

Elias, Norbert: Die Genese des Sports als soziologisches Problem, in: Hammerich/Heinemann 1975 und Dunning 1971

Elias, Norbert: Über den Prozeß der Zivilisation, 2 Bde., Frankfurt a. M. 1976

Franke, Elk: Imagebildung und Sozialisation im Wettkampfsport, in: Sportwissenschaft 1976, Heft 3

Fuller, Peter: Die Champions. Psychoanalyse des Spitzensportlers, Frankfurt a. M. 1976

Gebauer, Gunter: »Leistung« als Aktion und Präsentation, in: Sportwissenschaft 1972, Heft 2

Goffman, Erving: Wir alle spielen Theater, München 1969 (Orig. 1959)

Gritti, Jules: Sport à la une, Paris 1975

Grössing, Stefan, Irmfried Speiser und Helmut Altenberger: Sport-Motivation, Salzburg o. J.

Hackforth, Josef: Sport im Fernsehen, Münster 1975

Hammerich, Kurt und Klaus Heinemann (Hrsg.): Texte zur Soziologie des Sports, Schorndorf 1975

Heinemann, Klaus: Sozialisation und Sport, in: Sportwissenschaft 1974, Heft 1

Heinemann, Klaus: Leistung, Leistungsprinzip, Leistungsgesellschaft. Elemente einer Soziologie der Leistung und des Leistungsverhaltens im Sport, in: Sportwissenschaft 1975, Heft 2

Hentig, Hartmut von: Lerngelegenheiten für den Sport, in: Sportwissenschaft 1972, Heft 3

Herrmann, Hans Ulrich: Die Fußballfans. Untersuchungen zum Zuschauersport, Schorndorf 1977

Hortleder, Gerd: Die Faszination des Fußballspiels. Soziologische Anmerkungen zum Sport als Freizeit und Beruf, Frankfurt a. M. 1974
König, René (Hrsg.): Freizeit. Konsum, Bd. 11 der Taschenbuchausgabe des Handbuchs der empirischen Sozialforschung, verfaßt von Erwin K. Scheuch und Gerhard Scherhorn, Stuttgart 1977
Krockow, Christian Graf von: Sport und Industriegesellschaft, München 1972
Lenk, Hans: Leistungsmotivation und Mannschaftsdynamik, Schorndorf 1970
Lenk, Hans: Leistungssport: Ideologie oder Mythos?, Stuttgart 1972
Lenk, Hans: Materialien zur Soziologie des Sportvereins, Ahrensburg 1972
Linde, Hans und Klaus Heinemann: Leistungsengagement und Sportinteresse, Schorndorf 1974[2]
Loy Jr., John W.: Spielformen, Sozialstruktur und Anomie, in: Hammerich/Heinemann 1975
Lüschen, Günther (Hrsg.): Kleingruppenforschung und Gruppe im Sport, Sonderheft 10 der Kölner Zeitschrift für Soziologie und Sozialpsychologie, 1966
Lüschen, Günther und Kurt Weis (Hrsg.): Die Soziologie des Sports, Darmstadt/Neuwied 1976
Magnane, Georges: Sociologie du sport, Paris 1964
Meyer, Heinz: Der Hochleistungssport – Ein Phänomen des Showbusiness, in: Zeitschrift für Soziologie 1973, Heft 1
Neale, Walter C.: Die eigenartige Ökonomie des Profi-Sports, in: Hammerich/Heinemann 1975
Novikov, Aleksander und M. Maksimenko: Soziale und ökonomische Faktoren und das Niveau sportlicher Leistungen verschiedener Länder, in: Sportwissenschaft 1972, Heft 2
Rigauer, Bero: Sport und Arbeit, Frankfurt a. M. 1969
Rittner, Volker: Zur Konstitutionsproblematik der Sportwissenschaft, in: Sportwissenschaft 1974, Heft 4
Röthig, Peter (Red.): Sportwissenschaftliches Lexikon, Schorndorf 1977[4]
Pfetsch, Frank R., Peter Beutel, Hans-Martin Stork und Gerhard Treutlein: Leistungssport und Gesellschaftssystem. Sozio-politische Faktoren im Leistungssport. Die Bundesrepublik Deutschland im internationalen Vergleich, Schorndorf 1975
Plessner, Helmuth, Hans-Erhard Bock und Ommo Grupe (Hrsg.): Sport und Leibeserziehung, München 1971[3], zuerst 1967 (u. a. mit Beiträgen von Habermas, Arbeit und Freizeit, Plessner, Spiel und Sport, sowie Linde mit einer Antwort an Plessner und Habermas)
Prokop, Dave (Hrsg.): The African Running Revolution, Mountain View: World Publication (Cal.), 1975
Prokop, Ulrike: Soziologie der Olympischen Spiele. Sport und Kapitalismus, München 1971
Quanz, Dietrich R.: Sport im Verein, Düsseldorf 1975

Schilling, Guido: Aggression und Gewalt im Sport, in: Sportwissenschaft 1976, Heft 4
Seppänen, Paavo: Die Rolle des Leistungssports in den Gesellschaften der Welt, in: Sportwissenschaft 1972, Heft 2
Stone, Gregory P.: Soziale Sinnbezüge des Sports in der Massengesellschaft, in: Lüschen/Weis 1976 (Orig. 1969)
Stone, Gregory P.: Ringen – Das große amerikanische »Passions-Spiel«, in: Hammerich/Heinemann 1975 sowie in Dunning 1971
Stone, Gergory P.: Games, Sport and Power, New Brunswick, N. Y., 1972
Taylor, Ian: »Vom Fußball besessen«: Einige soziologische Spekulationen über Fußball-Vandalismus, in: Hammerich/Heinemann 1975 und Dunning 1971
Voigt, Dieter: Soziologie in der DDR (untersucht wird im wesentlichen die Sport- und Freizeitforschung), Köln 1975
Wagner, Helmut: Sport und Arbeitersport, Köln 1973 (Orig. Berlin 1931)
Weis, Kurt: Abweichung und Konformität in der Institution Sport, in: Lüschen/Weis 1976
Winkler, Hans-Joachim: Sport und politische Bildung, Opladen 1973[2]
Wolf, Norbert (Hrsg.): Dokumente zum Schulsport, Schorndorf 1974 (mit ausführlicher Bibliographie)
Wolf, Ror: Punkt ist Punkt. Alte und neue Fußballspiele, Frankfurt a. M. 1973
Zurcher, Louis A. und Arnold Meadow: Über Stierkampf und Baseball: Ein Beispiel für Verflechtungen sozialer Institutionen, in: Hammerich/Heinemann 1975 sowie Dunning 1971

Sachregister